KB268916

Everyday English Conversation

SMALL TALK

저자소개

Ciaran Pietzka

이 책의 저자 Ciaran은 영국 Cambridge에서 학업하였고 6년째 삼성, LG, SK, 두산 등 대기업과 영어교육기관 등에서 영어강의를 하고 있다. TEFL 자격증을 소지하고 있으며 작년까지 고려대 강사를 역임하였고, 현재는 신흥대 교수로 재직 중이다. 한국에서의 오랜 지도경험 속에서 누구보다 한국인들의 문제점을 잘 알고 있는 한국인 대상의 영어교육 스페셜리스트이다. 이 책『English Conversation-Small Talk』에 이어 단계별로 학습할 수 있도록『English Conversation-Survival Talk』,『English Conversation-Business Talk』를 집필하고 있다. E-mail : ciaran4english@hotmail.co.uk

김태형

공저자 김태형은 세계를 두루 일주하였고, 현재 12만 회원의 어학연수 카페 주인장 및 어학연수 상담가로 활동하고 있다. 단순 어학연수 수속만을 진행하는 아니라, 연수 전 영어스터디와 연수 후의 네이티브 스터디까지 학생들을 위한 다양한 프로그램을 진행하고 있으며, 진정한 멘토가 되고자 학생들과 함께 호흡하고 있다. 저서로『영어회화 꼭 성공하기』,『어학연수 꼭 성공하기』,『필리핀・인도 어학연수 꼭 성공하기』등이 있다. 카페주소 : http://cafe.daum.net/uhakadvice

초판 인쇄일 _ 2011년 9월 7일

초판 발행일 _ 2011년 9월 14일

지은이 _ Ciaran Pietzka, 김태형

발행인 _ 박정모

발행처 _ 도서출판 혜지원

주소 _ 서울시 동대문구 장안 1동 420-3호

전화 _ 편집부 02)2249-7975

　　　영업부 02)2212-1227, 2213-1227

팩스 _ 02)2247-1227

홈페이지 _ http://www.hyejiwon.co.kr

편집진행 _ 이희경

본문디자인, 삽화 _ 박혜경

표지디자인 _ 안홍준

영업마케팅 _ 김남권, 황대일, 서지영

ISBN _ 978-89-8379-693-6

정가 _ 11,000원

Copyright©2011 by Ciaran Pietzka, 김태형 All rights reserved.

No Part of this book may be reproduced or transmitted in any form,
by any means without the prior written permission of the publisher.

이 책은 저작권법에 의해 보호를 받는 저작물이므로 어떠한 형태의 무단 전재나 복제도 금합니다.
본문 중에 인용한 제품명은 각 개발사의 등록상표이며, 특허법과 저작권법 등에 의해 보호를 받고 있습니다.

● 잘못 만들어진 책은 구입한 서점에서 교환해 드립니다.

Everyday English Conversation

SMALL TALK 스몰토크

Ciaran Pietzka, 김태형 공저

혜지원

하버드대학의 연구결과 외국어를 익히는 데 있어서 성인그룹은 8~10세, 6~7세, 3~5세 그룹에 비해서 월등한 성취력을 보인다고 합니다. 흔히 "아이가 성인보다 외국어 학습속도가 빠르다"고 생각하는 것은 우리의 고정관념일 뿐이며, 아이들이 제한된 언어만 사용하기 때문에 그렇게 보이는 것입니다.

실제 위 사항은 우리가 조금만 상식적으로 생각해 보아도 쉽게 알 수 있는 일이기도 합니다. 외국어를 떠나 모국어 학습만 보더라도 한국에서 태어나 10년을 한국말만 배운 초등학생의 한국어 수준도 지극히 제한적인 수준에 머물러 있기 때문입니다. 그럼 성인들이 아이보다 언어습득능력이 빠른 이유가 어디에 있는지를 생각해 볼 필요가 있습니다. 그 이유는 이미 모국어를 익히면서 갖게 된 하나의 언어에 대한 지식, 기술, 이해가 또 다른 언어를 대하고 익히는 데 큰 도움이 된다는 데에 있습니다.

개인적으로 20개 이상의 언어를 구사하는 언어천재들의 학습법이 궁금하여 관련서적을 탐독한 적이 있는데, 흥미롭게도 그들 언어천재들 대부분은 모국어를 익힌 10세 이후에 외국어를 익히기 시작했습니다. 우리가 흔히 기대하듯 아빠는 미국인, 엄마는 중국인, 태어난 것은 독일, 한국에서 몇 년, 프랑스에서 몇 년 등의 생활로 언어를 익힌 것이 아닌 것입니다. 그럼에도 불구하고 영어전문가라고 불리우는 많은 사람들은 외국어 학습의 가장 좋은 방법으로 "아이가 외국어를 익히듯이…."라는 이야기를 앵무새처럼 떠들고 있는데, 이는 성인에게 10년의 학습을 투자하여 초등학생 수준의 제한적 언어 습득만을 하라고 독려하는 것과 다를 바 없습니다.

성인은 이미 외국어와 본질적으로 동일한 구조를 가진 모국어라는 언어에 대한 지식, 기술, 이해가 있으니 그 능력을 최대한 발휘하여 체계적인 학습을 해야 합니다. 그러한 체계적인 학습이라면 우리의 기대 이상으로 빠르게 외국어를 습득할 수 있습니다(그와 관련되어서는 저자의 졸저 『영어회화 꼭 성공하기』에 많은 이야기를 기술해 두었으니 참고하실 수 있습니다). 본 책은 성인이 발휘할 수 있는 효과적인 언어학습의 기술 중 대화의 소재에 관한 체계적인 기술을 제공해 드릴 것입니다.

누군가 새로운 사람을 만나서 대화를 나누는 것은 한국어나 영어에 관계 없이 유사한 대화의 체계를 갖게 됩니다. 단순히 언어를 잘 다룬다고 처음 만난 사람과 아무런 얘기나 불쑥불쑥 나누지는 않습니다. 이때 일반적으로 나누는 대화는 자기소개, 날씨, 가족, 직업, 취미, 좋아하는 음식, 영화, 음악, 책 등이며, 보통 서로에 대한 기본적인 정보를 주고 받으며 함께 공유할 무언가를 탐색해 보게 됩니다.

보통 이럴 때 나누는 한담을 영어로 "Small Talk"라고 부릅니다. 그런 대화 중 함께 공유할 수 있는 거리가 생긴다면 대화는 급속히 진전되고 서로의 관계를 발전시켜 나갈 토대를 마련하게 되는 것입니다. 이는 언어 이전에 인간관계의 기술입니다. 이미 모국어로 새로운 사람을 만나서 인사하고 대화하고 친해 본 사람이라면 그러한 체계는 이미 습득이 되어 있는 것입니다.

영어회화에 도전함에 있어 일정한 체계없이 광범위한 언어의 세계를 여기 저기를 불쑥불쑥 한 번씩 찔러보기만 하는 학습은 대단히 공허한 일입니다. 체계가 형성되지 않기 때문에 언어사용의 자신감을 습득할 수 없을 뿐더러, 대부분은 그 광막함에 지레 포기하기 일쑤이고 아예 회화라면 두 번 다시 쳐다보지도 않게 됩니다. 그러한 실패를 반복하지 않기 위해서는 회화에서 언어 주제의 단계적 학습을 해야 합니다.

일단 새로운 사람을 만날 때 자신에 대한 이야기와 상대의 정보에 대한 질문을 주고 받으며 Small Talk를 나눌 수 있어야 합니다. 경험해 보시면 아시겠지만, Samll Talk 만으로도 보통 한 시간 이상은 시간이 훌쩍 흐릅니다(많은 분들은 한 시간 동안 자신이 외국인과 여하간의 영어대화를 했다는 사실에 감격하기도 할 것입니다). 또한 실제 세상을 살면서 아주 친하게 지내는 가족, 친구, 연인이 아니라면 대부분 Small Talk 수준의 대화로 인간관계를 나누고 있으니 그 정도 수준이면 무리가 없습니다.

이후에는 보다 언어의 영역과 능력을 넓혀 나갈 수 있겠으나, 무엇보다 우선적인 것은 Samll Talk 능력에 있다는 것을 인식하시고, 이 부분의 영어회화를 집중 연습해 보시길 바랍니다. 아마 여러분들의 영어능력은 급속히 향상되고, 외국인을 만나는 것에 자신감을 분명 빠른 시간 안에 획득할 수 있으리라 확신합니다.

그리고 한 가지 추가적인 조언을 드리겠습니다. 그 어떤 것보다도 중요한 언어의 요소는 상대방에 대한 친절, 배려심, 호감에 있다는 것을 명심하셔야 합니다. 그러한 것이 바탕이 된다면 언어라는 도구가 조금 거칠어도 얼마든지 영어로 우정을 나눌 수 있습니다. 이런 조언을 드리는 이유는 너무 지엽적인 언어의 기술에 크게 집착하지는 말자는 것입니다. 물론 언어를 더 정확하고 세련되게 구사할 수 있도록 노력은 해야겠으나, 그것에 연연하여 문법이나 발음이 틀릴까봐 대화 자체를 시도하지 않는다면 이는 오히려 언어학습이 인생에 큰 해악을 끼치는 결과 밖에 되지 않습니다. 문법이 틀리더라도, 잘못 발음하여 조금 에둘러 가더라도 언어관계는 충분히 나눌 수 있습니다. 언어는 단지 소통의 도구일 뿐, 우리가 신주단지처럼 상채기 하나 내지 않도록 모셔두어야 할 신앙의 대상은 아니기 때문입니다.

Small Talk에 대한 대화의 기술, 그리고 상대에 대한 친절, 배려심-이 두 가지만으로도 여러분들은 세계인으로서의 놀라운 경험을 하게 되시리라 확신합니다.

2011. 공저자 김태형 드림

Hello, my name is Ciaran Pietzka and I am from Wales, in the UK. I have worked in Korea as an English teacher for the past six years, teaching students of all ages and levels. I have taught in private schools, public schools, universities and large corporations, and I believe that the majority of such places lack the key element of conversation to enhance students' English ability. Having taught everything from vocabulary to grammar, I believe that the best way to start or enhance one's English ability is through conversation. This is why I have researched and written English conversation books that can help with everyday topics. I hope this book proves to be a useful English language tool, regardless of whether you are just starting out or are at an advanced level.

Ciaran is a graduate from Anglia Ruskin University, Cambridge, where he studied English Literature. Married with a daughter, he is currently working in Korea as a writer and educator at Shinheung University.

Everyday English conversation 'Small Talk' is the first in a series of books. Ciaran is also the author of Everyday English Conversation 'Survival Talk' and Everyday English Conversation 'Business Talk', which are scheduled to be released at the end of the year.

2011. Ciaran Pietzka

이 책을 다음과 같이 방법으로 학습하십시오.

1. 처음부터 끝까지 가볍게 읽어 봅니다.
본격적인 통역연습을 하기 전에 문장들을 미리 한 번씩 읽어 보는 작업이 필요합니다.

2. 다시 처음부터 학습하면서 통역연습을 합니다.
회화 학습에 있어서 통역연습 만큼 효과적인 것은 없습니다. 이는 마치 수학에서 문제를 풀어보는 것과 같습니다. 통역연습은 언어두뇌를 발달시키고 내가 하고 싶은 말을 영어로 바로 이야기 할 수 있는 능력을 키워줍니다. 본문의 한글 예문만을 보고 영어로 말해보도록 합니다(대화예문만 통역연습을 하고, 설명글은 하지 않습니다).

3. 오디오 CD를 반복해서 듣습니다.
이미 통역연습을 해 보셨으니 오디오 CD를 듣고 틈틈이 홀로 말하기 연습을 해보시길 바랍니다. 대화연습은 꼭 상대방이 있어야만 할 수 있는 것은 아닙니다. 연극배우들이 대사를 연습하듯 홀로 말하기 연습을 해보시길 바랍니다.

4. 통역과 오디오 청취를 반복합니다.
학습자의 영어능력에 따라서 학습의 반복횟수는 달라집니다.

5. 외국인을 만나기 전에 미리 한번 전체적으로 훑어보도록 합니다.
소개팅을 나가더라도 내가 얘기할 것을 한번 정리해 보면 훨씬 재미있는 대화를 나눌 수 있습니다. 마찬가지로 외국인을 만날 때나 어학연수를 떠날 때 본 책을 전체적으로 훑어 보시면 대화의 여러 소재거리에 대해 상기하실 수 있습니다.

• **질문과 답변은 동일한 분량으로 실었습니다.** 많은 이들이 영어회화 학습을 할 때 자신의 이야기만 연습하는 경향이 있는데, 이는 매우 잘못된 방식입니다. 언어란 주고 받는 것입니다. 따라서 영어로 자신의 얘기를 할 수 있는 만큼 상대방에게 질문도 할 수 있어야 합니다. 또한 자신이 대화주제를 리드할 수 있도록 하기 위해서도 질문학습은 반드시 필요합니다. 참고로 상대방의 질문에 자신이 대답을 하고 동일한 질문을 상대방에게 할 경우에는 "How about you?"를 유용하게 사용하실 수 있습니다.

• **대화예문은 직역하였습니다.** 한국어와 영어가 직역으로 딱 맞아 떨어지지 않으나 통역연습을 위해서, 그리고 영어식 표현에 익숙해 질 수 있도록 대화예문은 가급적 직역으로 했습니다. 그로 인해 한국어로는 간혹 어색한 문장이 있을 수 있습니다.

• **부연설명과 자주하는 실수 부분은 의역을 하였습니다.** 이 부분은 통역연습을 하지 않아도 되니 가급적 쉽게 이해할 수 있도록 의역하였습니다.

• **편집은 심플하게 하였습니다.** 여러 정보를 잡다하게 학습하는 것보다는 한 문장을 학습하더라도 자신감 있게 말을 할 수 있는 것이 회화학습에서 가장 중요합니다. 따라서 단어나 문법용례에 대한 잡다한 정보는 가급적 배제하였고 편집도 가급적 심플하게 하였습니다.

• **반복되는 대화예문이 많습니다.** 이는 언어생활의 패턴에 기인합니다. 서로 어떤 주제에 대해서 좋아하고, 싫어하고, 무엇을 좋아하고 등등의 대화를 할 경우 비슷한 패턴의 질문과 답변을 하기 때문입니다. 그런 이유로 동일 질문이 반복되는 경우가 있는데, 오히려 반복학습 효과도 얻으실 수 있을 것입니다.

• **문법 실수에 대한 조언이 다소 쉬워 보일 수 있습니다.** 문법실수에 대한 조언이 다소 쉬워 보일 수 있는데, 이는 영어글쓰기에의 실수가 아니라 회화에 관한 실수를 언급한 것입니다. 회화에서는 문법적으로 쉬운 실수도 빈번하니 참고해서 읽어 주시길 바랍니다.

Topic 9 · Talking about food
음식에 관해 말하기

Topic 10 · Talking about movies
영화에 대해 말하기

Talking about myself

나와 일상대화에 관하여

The most common thing a person you meet will ask is questions about yourself. This shows that they are interested in getting to know you. Furthermore, if you ask them the same questions, they will think you are also interested in them. I have heard many mistakes in my time as an English teacher and I hope this unit will help you eliminate such common mistakes and help you speak in clear, precise sentences.

당신이 만나는 사람들이 당신에게 할 수 있는 가장 흔한 질문은 바로 당신에 관해 묻는 것입니다. 누군가가 당신에 관해 질문을 한다는 것은 그가 당신을 알고 싶어 한다는 것을 의미합니다. 더 나아가 당신 또한 그에게 동일한 질문을 한다면 그도 당신이 자신에게 관심이 있다고 생각할 것입니다. 저는 한국에서 영어강사로서 학생들을 지도할 때 한국 학생들의 많은 실수들을 체크해 왔습니다. 본 토픽에 대한 학습은 자신에 관한 이야기를 할 때 실수를 줄일 수 있도록 도울 것이며, 또한 명확하고 간결한 문장으로 말할 수 있는 방법을 안내해 드릴 것입니다.

What's your name?

A ❶ What's your name?

❷ May I have your name?

❸ Could you tell me your name?

❹ Could you give me your name?

❶❷❸❹

B My name is David.

Oh, I'm David.

It's David.

David.

A 당신의 이름은 무엇입니까?

제가 당신의 이름을 알아도 되겠습니까?

당신의 이름을 저에게 말해 줄 수 있습니까?

당신의 이름을 저에게 주실 수 있습니까?

B 제 이름은 David입니다.

오(Oh), 저는 David입니다.

그것은(이름은) David입니다.

David입니다.

Any of the above answers can be answered with any of the above questions.
모든 답변이 위 질문에 대한 대답이 될 수 있습니다.

It is perfectly fine to answer this question in short form in less formal settings(visiting a doctor/renting a car), but it is always better to answer in a sentence. When asking this question, try to use the "may I… / could you…" form of the sentence as it is more polite.

공식적 상황(의사를 만나러 가거나/차를 렌트하거나)이 아니라면 이 질문에 대해서는 짧은 형태로 답변해도 좋습니다. 하지만 언제나 문장을 만들어서 답변하는 것이 더 좋습니다. 상대방의 정보를 알고자 질문을 할 때는 가급적 "May I… / Could you…"로 시작되는 형태의 문장을 사용하는 것이 좋은데, 이렇게 하면 훨씬 공손해 보입니다.

Common **M**istake

Never say "Who are you?". This can be considered rude in Western culture.

"Who are you?"라는 표현은 절대 사용하지 마세요. 이런 표현은 서양문화에서는 매우 무례하게 여겨집니다.

If you hear this, the person asking the questions wants you to finish the sentence for them, so a simple 'David' will be fine.

말꼬리가 길어지는 뉘앙스나 제스처로 이야기 한다면 질문을 하는 사람은 당신이 문장을 완결하기를 바라는 것이라 볼 수 있습니다. 이때는 짧게 'David'라 답변해도 무방합니다.

002

I didn't quite catch your name.

A ❶ I didn't quite catch your name.

❷ I don't think I caught your name.

B ❶❷ I'm sorry, it's David.

Oh, it's David.

A 제가 당신 이름을 완전하게 알아듣지 못했습니다.

제가 당신 이름을 알아들은 것으로 생각되지 않습니다.

B 죄송합니다. 그것은(이름은) David입니다.

오(Oh), 그것은(이름은) David입니다.

Any of the above answers can be answered with any of the above questions.
모든 답변이 위 질문에 대한 대답이 될 수 있습니다.

Talking Tip

The above example is used when you don't remember somebody's name. It is better than saying "I forgot your name". If you use one of the above questions, the person you are speaking with may think that they forgot to tell you their name in the first place, so it is a great sentence to use.

위 표현은 상대방의 이름이 기억나지 않을 때 사용하는 표현인데, "제가 당신의 이름을 잊었습니다(I forgot your name)"라고 말하는 것보다 나은 표현입니다. 위의 표현을 사용하면 상대방은 자신이 처음 만났을 때 이름을 얘기하지 않았다고 생각할 수 있으므로 이름을 되물을 때 쓸 수 있는 아주 좋은 표현입니다.

CD A_Topic 01–003, E_Topic 01–003

How's it going?

A ❶ How are you?

❷ How are you feeling today?

❸ How's it going?

❹ How do you feel?

B ❶❷❸❹

I'm great. How about you?

Not bad, thanks. And you?

Everything's fine. How are you?

All's well, thanks. You?

Great, thanks. You?

A 안녕하십니까?

오늘 당신은 기분이 어떻습니까?

어떻게 지내십니까?

당신의 기분이 어떻습니까?

B 저는 매우 좋습니다. 당신은 안녕하십니까?

나쁘지 않습니다. 감사합니다. 당신은요? / 모든 것이 좋습니다. 안녕하십니까?

모든 것이 좋습니다. 감사합니다. 당신은요?

매우 좋습니다. 감사합니다. 당신은요?

Any of the above answers can be answered with any of the above questions.
모든 답변이 위 질문에 대한 대답이 될 수 있습니다.

These questions are usually used at the beginning of a conversation with someone you know. Try to keep the answer simple and positive, and then ask the same question back. If you know the person well, you can go into more detail. If you use a negative word like "I'm terrible", you will probably be asked why you feel that way, so keeping the answer positive will usually result in no further questioning.

When answering this question, try not to say the same words over and over ("So-so", "Good", "Fine"). Below is a list of better positive words to use.

이런 표현은 당신의 친구나 지인 등 원래 알고 있는 누군가와 대화를 시작할 때 흔히 사용합니다. 이런 인사에는 간단하고 긍정적으로 대답하도록 합니다. 그리고 동일한 질문을 상대방에게도 물어줍니다. 만일 친한 관계이고 최근의 동향에 대해서 서로 잘 알고 있다면, 더 구체적인 질문들을 할 수도 있습니다. 만일 "나 최악이야(I'm terrible)"라는 부정적인 대답을 한다면 상대방은 아마 왜 그런 느낌인지 추가적인 질문을 할 것입니다. 따라서 보통 긍정적인 답변을 하는 것이 추가적인 질문을 안 받는 방법입니다.

질문에 대답할 때 늘 같은 단어(그저 그래So-so, 좋아Good, 괜찮아Fine 등)만을 앵무새처럼 반복하지 않도록 합니다. 아래는 다양하게 사용해 볼 수 있는 긍정적 답변의 리스트입니다.

Great	아주 좋아
Wonderful	신나, 아주 멋져
Fantastic	기막히게 좋아, 환상적이야
Superb	최고야
Delightful	정말 기분 좋아
Awesome	기막히게 좋아
Couldn't be better	더 이상 좋을 수가 없을 정도야
Excellent	아주 좋아
Outstanding	아주 좋아
Brilliant	아주 좋아
Magnificent	대단히 좋아
Amazing	놀라울 정도로 좋아
Terrific	아주 멋져

Common Mistake

Never answer the question with "I'm funny". This does not mean you are having fun; instead it is an adjective describing you as a funny person, like a comedian.

"I'm funny(나 재밌는 사람이야)"와 같은 식으로 답변해서는 안 됩니다. 이것은 당신이 즐거운 상태 라는 것을 의미하는 것이 아니라, 당신이 코미디언처럼 웃긴 사람이라는 것을 의미합니다.

Common Mistake

When answering the question "How do you feel?" never reply "I'm boring", "I'm exciting", "I'm interesting" etc. In this case the 'ing' form describes your personality, not your feeling. So if you say you are boring it means you are a boring person. Therefore, you should use the 'ed' form ("I'm bored", "I'm excited", "I'm interested") when describing how you feel.

"How do you feel(기분 어때)?" 등의 질문에 "I'm boring", "I'm exciting", "I'm interesting" 등으로 답변해서는 절대 안 됩니다. ~ing 형태는 당신의 성격을 묘사할 때 사용되는 것이지 당신의 기분을 말하는 데 사용하지 않습니다. 만일 당신이 "I'm boring"이라고 말한다면 당신은 재미없고 지루한(boring) 성격의 사람이라고 말하게 되는 것입니다. 그러므로 기분이나 상태를 말 할 때는 반 드시 'ed' 형태를, 즉 "I'm bored", "I'm excited", "I'm interested"와 같이 사용해야 합니다.

Common Mistake

Never answer the question with "Nothing special". It is incorrect.

위와 같은 질문에 "Nothing special"로 답변하지 말아야 합니다. 그것은 잘못된 표현입니다.

What's up?

A ❶ What's going on?

❷ What's up?

❸ What's new?

❶❷❸

B Nothing much. I've just been busy.

Not much.

Nothing. It's the same old same old.

A (모두) 잘 지내?, 무슨 일 있어? 등등의 뜻

B 별다른 일 없어. 그저 늘 바쁘지.

별다른 일 없어.

없어. 뭐 달라질 게 있나.

Any of the above answers can be answered with any of the above questions.
모든 답변이 위 질문에 대한 대답이 될 수 있습니다.

Talking Tip

This question is usually used in small talk. A person is not asking you to talk about your life story or your problems. Keep the answer short, like the above examples.

The expression "same old same old" means that nothing has changed.

위 질문은 당신의 삶에 어떤 문제가 있는지를 진지하게 물어보는 것은 아니며, 친한 친구간의 가벼운 대화 시 흔히 사용하는 표현입니다. 답변 또한 위와 같이 짧게 하시면 됩니다.

"Same old same old"는 변화 없이 늘 똑같다는 의미의 표현입니다.

005

Where are you from?

A
❶ Where are you from?
❷ Where were you born?
❸ What country(city) are you from?
❹ Where is your hometown?

B
❶ I'm from Korea.
❷ Korea. What about you?
❸ I was born in Seoul.
❹ Seoul.

A
당신은 어디 출신입니까?
당신은 어디에서 태어났습니까?
당신은 어떤 국가(도시) 출신입니까?
당신의 고향은 어디입니까?

B
저는 한국에서 왔습니다.
한국입니다. 당신은요?
저는 서울에서 태어났습니다.
서울입니다.

It is fine to answer the question with a one word answer ("Seoul"). However, if you answer all of the questions in this topic with one word it can sound a little robotic and memorized.

앞의 질문에는 "Seoul" 같은 답변처럼 한 단어로 답변해도 좋습니다. 다만 계속되는 여러 질문에 한 단어로만 대답을 하면 왠지 로봇처럼 기계적인 느낌을 주고, 외워서 답변하는 듯한 인상을 줄 수 있습니다. 따라서 문장형 답변과 한 단어형 답변을 적절하게 혼용하시면 좋습니다.

Common Mistake

Although there are some countries with 'the' in their title, such as the USA, or the UK, in general you are advised not to put 'the' in the front of the name of a country or city.

'The USA', 'the UK'처럼 몇몇 국가명 앞에는 'the'를 붙여 사용하지만, 일반적으로는 국가나 도시 이름에 'the'를 붙여 사용하지 않으니 유의해야 합니다.

006

Where do you live?

A ❶ Where do you live?
❷ Where is your house located?
❸ Where's your home?

B ❶ I live in Tokyo. / Tokyo.
❷ It's located in Tokyo.
❸ It's in Tokyo.

A 당신은 어디에서 살고 있습니까?
당신의 집은 어디에 위치해 있습니까?
당신의 집은 어디입니까?

B 저는 도쿄에 삽니다. / 도쿄입니다.
그것은 도쿄에 위치해 있습니다.
그것은 도쿄에 있습니다.

"Where do you live?" and "Where are you from?" are different questions. The first is asking where you are living now/currently, while the second is asking where you were born. However, if you are in a different country and someone is asking you one of these questions, you may answer 'Korea' or 'Seoul' for both.

"Where do you live?"와 "Where are you from?"은 각각 다른 질문입니다. 전자는 당신이 지금 현재 어디에 살고 있는지를 묻는 것이고, 후자는 당신이 어디 태생인지를 묻는 것입니다. 그러나 당신이 만일 외국에 나가 있을 때 그 나라 사람으로부터 이런 질문을 받는다면 두 가지 질문에 동일하게 "Korea" 또는 당신이 살고 있는 도시로 답변을 할 수 있습니다.

007

Do you mind telling me how old you are?

A
❶ How old are you?
❷ What age are you?
❸ What's your age?
❹ Could you tell me your age?
❺ Do you mind telling me how old you are?

B
❶ I'm 26 years old.
❷ I'm 26.
❸ 26.
❹ Sure, I am 26 years old.
❺ Not at all, I am 26.

A
당신은 얼마나 나이가 들었습니까?
당신은 몇 살입니까?
당신의 나이는 몇입니까?
당신의 나이를 말해 줄 수 있습니까?
당신이 얼마나 나이가 들었는지 저에게 얘기해 주는 것이 언짢으십니까?

B
저는 26세입니다.
저는 26세입니다.
26세입니다.
물론이죠, 저는 26세입니다.
전혀요, 저는 26세입니다.

I have been asked this question many times while living in Korea. However, it is considered slightly rude in Western culture to ask someone their age, especially if they are older than you. So be wary of who you ask.

저는 한국에 사는 동안 이 질문을 수도 없이 많이 받았습니다. 하지만 서양문화에서는 나이를 묻는 것이 약간 무례하게 여겨지는 경향이 있습니다. 특히나 자신보다 나이가 더 많을 것 같은 사람에게는 더 조심해야 합니다. 굳이 필요한 경우라면 마지막 질문처럼 정중하게 묻도록 합니다.

If you do not wish to answer a question about your age you can answer with the above question. This puts pressure on the person asking the question, as they now have to guess how old you are. As they are unlikely to want to offend you, they will probably suggest that you are younger than you actually are.

당신의 나이를 말하고 싶지 않은 경우에는 위와 같은 질문으로 답변을 대신할 수 있습니다. 이제 질문자는 당신의 나이를 추측해야 하는 부담감을 갖게 되는데요. 당신의 기분을 상하지 않게 하기 위해 넌지시 당신의 실제 나이보다 어린 나이를 말할 겁니다.

When were you born?

A ❶ What year were you born?

❷ When were you born?

❶❷

B I was born in 1983.

In 1983.

A 당신은 몇 년도에 태어났습니까?

당신은 언제 태어났습니까?

B 저는 1983년에 태어났습니다.

1983년입니다.

Any of the above answers can be answered with any of the above questions.
모든 답변이 위 질문에 대한 대답이 될 수 있습니다.

Common Mistake

Remember to use the preposition 'in' when stating the year you were born. Do not use the preposition 'on', which is a common mistake. 'On' is used when giving a specific date or day. (See the next page)

태어난 년도 앞에는 전치사 'on'이 아니라, 'in'을 사용해야 합니다. 흔히 하는 실수입니다. 'on'은 특별한 날이나 요일 앞에 사용합니다. (다음 페이지를 참고하세요)

What's your date of birth?

〈미국인〉

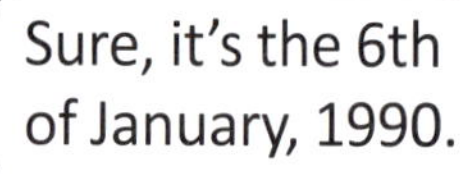

〈영국인〉

A ❶ What's your date of birth?

❷ Could you tell me your date of birth, in full?

❸ May I have the day, month and year you were born?

B ❶❷❸ I was born on January 6th, 1990. (American English)

It's the 6th of January, 1990. (British English)

It's the 6th of the 1st, 1990. (British English)

A 당신이 태어난 날짜는 어떻게 됩니까?

당신의 태어난 날 전체(년, 월, 일)를 저에게 말해 줄 수 있습니까?

당신이 태어난 년, 월, 일을 제가 알 수 있을까요?

B 저는 1990년 1월 6일에 태어났습니다. (미국식 표현 on January 6th 1990)

(그것은) 1990년 1월 6일입니다. (영국식 표현 the 6th of January 1990)

(그것은) 1990년 1월 6일입니다. (영국식 표현 the 6th of the 1st, 1990)

Any of the above answers can be answered with any of the above questions.
모든 답변이 위 질문에 대한 대답이 될 수 있습니다.

Talking Tip

When using dates, remember that the way you answer differs depending on your location, as the examples show above. British English and American English differ from time to time, as you will notice throughout the book.

날짜를 사용하거나 표기할 때에는 영국식과 미국식 표현이 위의 예에서 보듯이 각각 다릅니다. 이 뿐만 아니라 때때로 영국과 미국 영어가 다른 경우가 있는데, 이 책을 통해서 몇 가지 더 언급드릴 예정입니다.

010

How tall are you?

A ❶ How tall are you?

❷ What's your height?

❶❷

B I'm 180 centimeters tall. (American English)

I'm about 5 feet 11 inches. (British English)

I am almost six foot. (British English)

A 당신은 얼마나 큽니까?

당신의 키는 얼마입니까?

B 저는 180센티미터입니다. (미국식 표현)

저는 약 5피트 11인치입니다. (영국식 표현)

저는 거의 6피트입니다. (영국식 표현)

Any of the above answers can be answered with any of the above questions.
모든 답변이 위 질문에 대한 대답이 될 수 있습니다.

British people use feet(ft) and inches(in) when discussing height, while Americans use centimeters(cm). The conversion is 1 foot=12 inches and 1 foot=30.48 centimeters.

영국 사람들은 키 얘기를 할 때 피트(ft)와 인치(in)를 사용합니나. 반면 미국사람들은 센디미터(cm)를 사용합니다. 각각 변환하면 1피트는 인치로는 12인치이고, 센티미터로는 30.48센티미터입니다.

Common Mistake

Do not ask the question "How high are you?". It is wrong to use the word 'high' when discussing a person's height.

"How high are you?"로 묻지 않도록 합니다. 사람의 키를 이야기 할 때 'high'라는 단어를 쓰는 것은 잘못된 표현입니다.

011

What's your weight?

A ❶ What weight are you?

❷ What's your weight?

❶❷
B I weigh 75 kilograms.

My weight is about 11 stone and 2 pounds.

I weigh about 110 pounds.

A 당신의 몸무게는 얼마입니까?

당신의 몸무게는 얼마입니까?

B 저는 75 킬로그램입니다.

저의 몸무게는 약 11스톤 2파운드입니다.

저는 약 110파운드 정도 나갑니다.

Any of the above answers can be answered with any of the above questions.
모든 답변이 위 질문에 대한 대답이 될 수 있습니다.

This is a very uncommon question, and you shouldn't ask someone this if you have just met them as it can be considered quite personal.

British people use stone(st) and pounds(lbs) when discussing weight, particularly a person's weight, while Americans use kilograms(kg). The conversion is 14 pounds =1 stone, and 1 stone – 6.5 kilograms.

상대방의 몸무게를 물어보는 것은 매우 흔하지 않은 일입니다. 그건 매우 개인적인 일이기 때문에 친하지 않은 관계에서는 물어봐서는 안 됩니다.

영국영어에서는 무게를 표현할 때, 특히 사람의 몸무게를 표현할 때에는 스톤(st)과 파운드(lbs)를 사용하고, 미국영어에서는 킬로그램(kg)을 사용합니다. 각각 변환하면 1스톤은 파운드로는 14파운드이며, 킬로그램으로는 6.5킬로그램입니다.

Common Mistake

Do not ask "How fat are you?". Not only is the question structurally wrong (wrong word choice 'fat'), but also considered extremely offensive.

"How fat are you?"라는 표현을 사용해서는 안 됩니다. 문법적으로도 틀린 표현일 뿐더러('fat'이라는 잘못된 단어 사용) 매우 공격적인 말로 여겨집니다.

Are you married?

A ❶ Are you married?

❷ Do you have a husband(wife)?

❸ Do you have a girlfriend(boyfriend)?

❹ Are you in a relationship?

B ❶ Yes, I am married. / No, I am not married.

Yes, I am. / No, I am not.

❷ Yes, I do. / No, I don't.

Yes, I have been married for 10 years.

❸ No, I don't have a girlfriend(boyfriend), but I would like to have one.

Unfortunately not, but I am looking for one.

❹ I used to be in a relationship, but I am not anymore.

No, I am free and single.

A 당신은 결혼하셨습니까?

당신은 남편(부인)이 있습니까?

당신은 여자친구(남자친구)가 있습니까?

당신은 누군가와 사귀고 있습니까?

B 네, 저는 결혼했습니다. / 아니요, 저는 결혼하지 않았습니다.

네, 그렇습니다. / 아니요, 아닙니다.

네, 있습니다. / 아니요, 없습니다.

네, 저는 결혼한 지 10년이 되었습니다.

아니요, 저는 여자친구(남자친구)가 없습니다. 그러나 저는 사귀어 보고 싶습니다.

불행히도 없습니다. 그러나 저는 누군가를 찾고 있습니다.

저는 교제관계를 가져왔습니다. 그러나 지금은 아닙니다.

아니요, 저는 자유롭고 싱글입니다.

Talking Tip

This is not a common small talk question, especially when talking to someone of the opposite sex. If you ask this question to someone you do not know well, they may think that you have a crush on them. A crush is when you like someone romantically.

이것은 small talk에서 흔히 하는 대화는 아닙니다. 특히나 이성에게는 더욱이 그렇습니다. 당신이 친하지도 않은 이성에게 이런 질문을 한다면 아마 그 사람은 당신이 자신에게 홀딱 반해서 자신과 사귀고 싶어 하는 것으로 생각할 가능성이 높습니다. "Crush"는 당신이 누군가를 로맨틱하게 열정적으로 좋아하는 것을 말합니다.

Common Mistake

Never say "I want to make a boyfriend/girlfriend". Make is usually used when talking about doing something physically with ones hands (make a snowman/ make a cup of tea). You cannot make a boyfriend or a girlfriend, unless you are extremely talented!

"I want to make a boyfriend/girlfriend"라고 말하지 마세요. 'Make'는 물론 여러 가지 뜻이 있지만, 이와 같이 목적어만 동반하는 형식으로 사용될 경우 잘 아시다시피 손을 가지고 무엇을 만든다는 의미로 가장 많이 쓰입니다. 여러분들이 아무리 손기술이 뛰어나도 남자친구나 여자친구를 만들어 낼 수는 없겠죠!

Do you have any children?

A ❶ Do you have any children?

❷ How many kids do you have?

❸ Any children?

❹ Kids?

❶❷❸❹

B Yes, I do. / No, I don't.

No children at the moment.

No, we don't, but we are trying.

Yes, I have a boy and a girl.

Two boys, John and Paul.

I have a daughter called Jenny.

Any of the above answers can be answered with any of the above questions.
모든 답변이 위 질문에 대한 대답이 될 수 있습니다.

A
당신은 자녀가 있습니까?

당신은 얼마나 많은 자녀를 가지고 있습니까?

자녀는요?

자녀는요?

B
네, 있습니다. / 아니요, 없습니다.

지금은 아이가 없습니다.

아니요, 없습니다. 하지만 노력하고 있습니다.

네, 저는 아들 하나와 딸 하나가 있습니다.

두 아들이 있는데, John과 Paul입니다.

저는 Jenny라는 이름의 딸이 하나 있습니다.

Talking Tip

This question usually comes after you have answered 'yes' to the "Are you married?" question. The person asking this is usually seeking further details, so it is fine to answer with the names, even ages, of your children. For example, "I have a twelve year old son called John and a thirteen year old daughter called Jenny".

Saying that you 'are trying' means that you are attempting to have a baby in the example shown on the previous page.

이 질문은 "Are you married?"라는 질문에 'yes'라는 답변이 나온 후 하는 질문입니다. 이 질문을 하는 사람은 자녀에 대해서 이름이나 나이 등 보다 세부적인 사항에 대해서 더 알고 싶어 할 것입니다. 따라서 예를 들면 "저는 12살짜리 아들 John과 13살짜리 딸 Jenny가 있습니다"라고 보다 세부적인 정보와 함께 대답하면 더 좋습니다.

앞 예문에서 'are trying'의 표현은 자녀를 갖고자 노력하고 있다는 의미로 사용됩니다.

Common Mistake

Do not put 'the' in front of a name.

사람 이름 앞에는 'the'를 붙여 쓰지 않습니다.

O14

What religion are you?

A ❶ What religion are you?
   ❷ Are you religious?
   ❸ What do you believe in?
   ❹ Do you believe in God?

B ❶ I am a Christian.
   ❷ Yes, I am a Buddhist. How about you?
     No, I am not religious.
     I used to be, but not anymore.
   ❸ I believe in Jesus Christ.
   ❹ Yes, I do. / No, I don't.

A 당신의 종교는 무엇입니까?

당신은 신앙이 있습니까?(신앙심이 있습니까?)

당신은 무엇(어떤 종교, 신)을 믿습니까?

당신은 신을 믿습니까?

B 저는 기독교인입니다

네, 저는 불교를 믿습니다. 당신은 어떻습니까?

아니요, 저는 종교적이지 않습니다.

믿어왔는데, 그러나 더 이상은 아닙니다.

저는 예수님을 믿습니다.

네, 믿습니다. / 아니요, 믿지 않습니다.

Talking Tip

Although I have been asked this question many times in Korea, it is not a common question to ask in Western culture, and some people there may choose not to answer it. You should not push a person to answer this if they refuse as it can be something quite personal to them. Therefore, always be careful when asking this question.

저는 이러한 종교에 대한 질문을 한국에서 많이 받아왔습니다. 하지만 서양문화에서는 종교는 지극히 개인적인 일이라 상대방의 종교를 묻는 것은 일반적이지 않습니다. 그리고 대답을 기피하는 경우도 많습니다. 만일 질문을 받는 이가 대답하기를 기피한다면 답변을 얻고자 재차 질문해서는 안 됩니다. 따라서 이러한 질문은 항상 유의해야 합니다.

Topic 2

Talking about the weather

날씨에 관해 이야기하기

Talking about the weather is a popular topic of small talk. The weather is often discussed when we can't think of anything better to say in a conversation, and therefore can be very useful in awkward moments.

날씨에 관한 이야기는 small talk에서 자주 등장하는 주제입니다. 대화 시 딱히 할 말이 없을 때 보통 날씨 얘기를 합니다. 따라서 날씨는 어색한 순간을 피하기 위한 가장 좋은 주제입니다.

Before we begin looking at conversations, below is a list of vocabulary that describes the weather:

날씨 대화의 표현을 알아보기 전에 아래 날씨를 묘사하는 단어를 참고해보세요.

Clear
맑은 날씨

Cloudy
흐린 날씨

Hot
더운 날씨

Rainy
비오는 날

Stormy
폭풍우 치는

Snowy
눈이 내리는

Windy
바람부는

Misty
안개 낀

Calm	바람이 없는
Clear	맑은
Cloudy	흐린, 구름이 잔뜩 낀
Cold	추운
Crummy (bad)	(날씨가) 형편없는
Damp	눅눅한, 축축한
Drizzly (a little rain)	이슬비 내리는
Frosty (a little cold)	서리가 내리는, 몹시 추운
Hot	더운
Humid (hot and sweaty)	습한
Icy	얼음 같은, 얼음이 뒤덮인
Misty	안개가 낀
Mild	온화한, 포근한
Muggy (hot and sweaty)	후텁지근한
Rainy	비가 많이 오는
Showery (a little rain)	소나기가 잦은
Snowy	눈이 많이 내리는, 눈 덮인
Stormy	폭풍우가 몰아치는
Warm	따뜻한
Wet	비가 오는, 궂은
Windy	바람이 부는

You can also use extreme adjectives to describe the weather, especially if the weather is really good or really bad:

또한 날씨를 묘사할 때 실제 날씨를 과장하여 표현할 수 있는데, 특히 날씨가 매우 좋거나 나쁘거나 할 때 이런 표현을 씁니다.

Bitter (cold)	혹독한, 매서운
Blusterous (very windy)	바람이 세차게 몰아치는
Boiling (very hot)	푹푹 찌는
Fantastic (very good)	날씨가 기막히게 좋은
Freezing (very cold)	얼 정도로 추운
Great (very good)	날씨가 기막히게 좋은
Horrible (very bad)	날씨가 끔찍이도 좋지 않은
Horrid (very bad)	기분 나쁜 날씨
Pouring (raining a lot)	비가 퍼 붓는
Scorching (very hot)	모든 걸 태워버릴 듯 더운
Superb (very good)	최상의 날씨
Terrible (very bad)	지독한 날씨

Try to avoid using words like 'good' or 'bad' because they are so commonly used. Strengthen your vocabulary by using the examples above.

늘 'good' 또는 'bad'만으로 표현하지 않도록 노력해 보길 바랍니다. 그건 너무도 흔하고 단순한 표현입니다. 위와 같은 단어들이 좋은 참고가 될 것입니다.

It's very cold today!

A
❶ It's very cold today!
❷ What a beautiful day!
❸ Terrible weather we are having!
❹ I hate the rain!
❺ Great day!
❻ What fantastic weather we are having today!
❼ It's raining out today!

A
오늘 매우 춥습니다!
너무 아름다운 날입니다!
날씨가 지독하네요! (It~ 이외, we are having~ 도 날씨 표현에 자주 사용됩니다)
저는 비가 싫습니다!
너무 좋은 날입니다!
오늘 너무도 환상적인 날씨입니다!
오늘 밖에는 비가 오고 있습니다!

Discussing the weather can be a handy way to start a conversation with a stranger. If you can, try to add a question to the sentence in an attempt to engage in a better conversation. This will give you more to talk about and will require an answer from the other person(See the next page).

처음 만난 사람과 날씨 이야기로 대화를 시작하는 것은 매우 유용한 방법입니다. 또한 날씨와 관련되어 다른 질문도 덧붙여 볼 수 있습니다. 이렇게 하면 대화를 더욱 지속해 나갈 수 있습니다(다음 페이지에서 더 공부해보겠습니다).

Common Mistake

The words 'weather' and 'whether' sound exactly the same, yet they have completely different meanings. This is not a problem when speaking, but is a common mistake when writing. 'weather' is a noun that describes the atmosphere ("the weather is cold"). However, 'whether' is a pronoun used to introduce the first of two or more alternatives. For example, "Do you know whether it will be rainy or sunny tomorrow?"

'Weather'와 'whether'는 같은 발음입니다. 그러나 뜻은 완전히 다릅니다. 이 둘을 혼동하는 것은 영어 글쓰기에서 흔히 나타나는 실수입니다. 잘 아시겠지만 'weather'는 날씨라는 뜻이고, 'whether'는 두 개 혹은 그 이상의 대상 중에서의 선택을 하거나 의문(~인지 아닌지)을 나타낼 때 씁니다. 예를 들면, "당신은 내일 비가 올지, 화창할지 아십니까?" 같은 표현에 쓰입니다.

I hate the rain! What about you?

A
❶ It's very cold today a great day for skiing. Do you like skiing?

❷ What a beautiful day! What would you suggest doing on a day like this?

❸ Terrible weather we are having! Do you know when it will get better?

❹ I hate the rain! What about you?

❺ Great day, huh?

❻ What fantastic weather we are having today! Do you know any great beaches around here?

❼ It's raining out today! Did you bring your umbrella?

B ❶ I love skiing.

No, I don't like skiing, but I do snowboard.

❷ I suggest going to Namsan Tower.

❸ I heard it will get better by Friday.

❹ Me, too. It's depressing.

❺ Yeah. It's beautiful.

❻ There is one about ten minutes away by bus.

❼ No, I forgot. / Yes, I did.

A 오늘 매우 춥습니다. 스키 타기에 좋은 날씨인데, 당신은 스키를 좋아합니까?

정말 좋은 날씨입니다. 이렇게 좋은 날 당신은 무얼 하는 걸 제안하고 싶습니까?

날씨가 정말 지독합니다. 당신은 언제 날씨가 나아질지 알고 있습니까?

저는 비가 싫습니다. 당신은 어떠십니까?

정말 좋은 날입니다. 네(그렇지 않나요)?

오늘 정말 환상적인 날씨입니다. 이 주변에 해변가(호숫가)가 있습니까?

오늘 밖에는 비가 오고 있습니다. 우산을 가져오셨나요?

B 전 스키를 좋아합니다.

아니요, 전 스키를 좋아하지 않습니다. 하지만 스노우보드는 탑니다.

남산 타워에 가는 것을 제안합니다.

제가 듣기로는 금요일까지는 날씨가 나아진다고 합니다.

저도요(저 역시도 비가 싫습니다). 비는 우울하게 만듭니다.

네, 아름답습니다.

버스로 십분 정도 걸리는 거리에 한 곳(해변가) 있습니다.

아니요, 잊었습니다. / 네, 가져왔습니다.

After answering questions such as those above, you may find you are asked an even further question. Look at the following examples:

상대방은 당신의 질문에 위와 같이 답변한 후에, 당신에게 더 심도 깊은 질문을 할 수도 있습니다. 아래의 예문을 참고해 보세요.

B ❶I love skiing. Do you also ski? / No, I don't like skiing, but I do snowboard. How about you?

❷I suggest going to Namsan Tower. Have you been there before?

❸I heard it will get better by Friday. What are you going to do when it gets better?

❹Me, too. It's depressing. Do you know when it will stop?

❺Yeah. It's beautiful. Any ideas of what to do?

❻There is one about ten minutes away by bus. Would you like me to help you get there?

❼No, I forgot. Do you know where I can buy one?
Yes, I did. Did you?

B 전 스키를 좋아합니다. 당신 역시도 스키를 타나요? / 아니요, 전 스키를 좋아하지 않습니다. 하지만 스노우보드는 탑니다. 당신은 어떻습니까?

남산 타워에 가는 것을 제안합니다. 전에 그곳에 가 본적 있나요?

제가 듣기로는 금요일까지는 날씨가 나아진다고 합니다. 날씨가 좋아지면 무엇을 할 예정인가요?

저도요(저 역시도 비가 싫습니다). 비는 우울하게 만듭니다. 비가 언제 그치는지 알고 있습니까?

네, 아름답네요. 뭐 좋은 할 일이 있을까요?

버스로 십분 정도 걸리는 거리에 한 곳(해변가) 있습니다. 제가 그 곳에 가는 것을 도와드릴까요?

아니요, 잊었네요. 어디서 그것(우산)을 살 수 있는지 아시나요? / 네, 가져왔습니다. 당신은요?

Talking Tip

Now, person A will answer and maybe add another question, and so on and so on. You will soon find that you have a free flowing conversation with a stranger.

위의 질문을 받으면 답변과 함께 또 다른 질문을 할 수 있습니다. 그렇게 계속 대화가 이어져 나갈 수 있는데, 이런 방법으로 낯선 사람과 대화를 이어나가며 교류를 나눌 수 있습니다. 이와 같이 날씨는 낯선 이에게 말을 거는 가장 좋은 소재입니다.

How's the weather?

A ❶ How's the weather?

❷ Any idea what the weather is like outside?

❸ What's it like out?

❶❷❸

B It's sunny, but a little cold.

It's very cold. I suggest you wear a jacket.

It's really beautiful. / It's raining cats and dogs.

A 날씨가 어떻습니까?

밖에 날씨가 어떨 것으로 생각하십니까?

밖의 날씨가 어떻습니까?

B 화창합니다. 그러나 조금 춥습니다.

매우 춥습니다. 당신이 재킷을 입을 것을 권합니다.

정말 좋습니다. / 미친 듯이 비가 오고 있습니다.

Any of the above answers can be answered with any of the above questions.
모든 답변이 위 질문에 대한 대답이 될 수 있습니다.

We usually ask the above questions to someone we know, and we do this when we are going outside. Do not ask this question if you are already outside because you will obviously already know what the weather is like.

"It's raining cats and dogs" is an old English expression used to describe heavy rain. The expression is thought to have originated from stories of cats and dogs being swept off roofs onto the streets below during strong wind and rain.

날씨에 대한 질문은 보통 밖에 나가보기 전에 합니다. 만일 당신이 이미 밖에 나가 봤다면 날씨가 어떤지를 명백히 아는 것이니, 상대방에게 날씨를 묻는 질문을 하지 말아야 합니다.

"It's raining cats and dogs"는 비가 많이 온다는 의미의 오랜 영국식 표현입니다. 이 표현은 강한 비바람이 불 때 지붕위에 있던 고양이와 강아지가 그 비바람에 쓸려 바닥으로 떨어졌다는 이야기에서 유래되었습니다. 그러니 매우 강한 비바람이 분다는 의미가 됩니다.

What will the weather be like tomorrow?

A ❶ What will the weather be like tomorrow?

❷ Do you have any idea what the weather is going to be like next week?

❸ Have you heard what the weather will be like on Friday?

❹ Did you see the weather forecast for the weekend?

B ❶ I have no idea, sorry.

I think it's going to be drizzly.

❷ I heard it will rain.

❸ A friend told me it will be freezing.

❹ The weather forecast said it's going to be beautiful.

I'm not sure, but I hope it is warm.

A 내일 날씨가 어떨 것 같습니까?

당신은 다음 주 날씨가 어떨 것으로 생각하십니까?

당신은 금요일 날씨가 어떨지 들으셨습니까?

당신은 주말 날씨에 대한 일기예보를 보셨나요?

B 죄송하지만, 잘 모르겠습니다.

제 생각에는 이슬비가 내릴 것 같습니다.

저는 비가 올 거라 들었습니다.

친구가 얘기하길 매우 추울 것이라고 합니다.

일기예보에서는 날씨가 매우 좋을 거라 얘기합니다.

저는 잘 모르겠습니다. 그러나 날씨가 좋았으면 좋겠습니다.

Talking about my family

가족에 관해 말하기

Asking and answering questions about family may not come at the beginning of a conversation. However, such questions are almost bound to come up at some point, and can sometimes be problematic. This unit will help you understand common mistakes made when talking about your family and teach you what to say when the subject does come up in the future.

가족에 관해 묻고 답하는 것은 새로운 만남의 사람과 처음부터 나누는 대화는 아닙니다. 하지만 어느 순간에는 가족이 대화의 화제가 될 것이며, 이때 표현에 많은 어려움을 느낄 수도 있습니다. 본 토픽의 학습을 통해 가족에 관한 이야기를 할 때 흔히 하는 실수를 줄이고, 또한 어떤 표현들을 사용해야 할지에 대해서 학습해 보시길 바랍니다.

001

Who are your family members?

A ❶ Who is in your family?

❷ Who are your family members?

❶❷
B In my family there is my mom, dad, sister, brother and me.

My family consists of my mom, dad, brother and me.

My mom and my two brothers are in my family.

My wife and my two daughters.

A 당신 가족에는 누가 있습니까?

당신 가족 구성원에는 누가 있습니까?

B 저의 가족에는 어머니, 아버지, 여동생(누나), 남동생(형)과 제가 있습니다.

저의 가족은 어머니와 아버지 남동생(형)과 저로 구성되어 있습니다.

저의 어머니와 두 명의 남자 형제가 저의 가족입니다(가족 안에 있습니다).

저의 부인과 두 딸입니다.

Any of the above answers can be answered with any of the above questions.
모든 답변이 위 질문에 대한 대답이 될 수 있습니다.

When you are making a list, it is best to put yourself at the end of the list, as shown above. This should be done in all situations, for example, "on the weekend, my mom, dad and I went to the cinema".

위의 예에서 보여줬듯이, 가족구성원을 나열할 때에는 항상 자신을 나열순서의 가장 끝에 둡니다. 예를 들면, "주말에 어머니, 아버지 그리고 저는 극장에 갔습니다"와 같은 표현을 참고해 볼 수 있습니다.

Common Mistake

When listing family members, you should list your siblings(brothers and sisters) and parents(mom and dad) before you get married. After marriage, you should list your wife/husband and children. Also, remember that you do not have to list your entire family.

가족 구성원이란 결혼 전에는 형제와 부모님을 말하며, 결혼 후에는 배우자와 자녀들을 가족구성원으로 말합니다. 또한 당신의 모든 가족을 일일이 다 열거할 필요는 없다는 것을 기억하세요.

How many brothers and sisters do you have?

A ❶ How many brothers and sisters do you have?

❷ Do you have any brothers or sisters?

❸ Do you have any siblings?

B ❶ I have two brothers and one sister.

I don't have any brothers or sisters.

❷ Yes, I have two brothers.

No, I don't have any siblings.

❸ No, I am an only child.

I have a twelve year old sister and an eight year old brother.

A 얼마나 많은 남자형제나 여자형제를 당신은 가지고 있습니까?

당신은 남자형제 또는 여자 형제를 가지고 있습니까?

당신은 형제(자매, 남매)를 가지고 있습니까?

B 두 명의 남자형제와 한 명의 여자형제가 있습니다.

저는 어떤 남자형제나 여자형제도 없습니다.

네, 저는 두 명의 남자형제가 있습니다.

아니요, 저는 어떤 형제도 없습니다.

아니요, 저는 외동아들(딸)입니다.

저에겐 12살인 여동생과 8살인 남동생이 있습니다.

Talking Tip

When answering this question, it is perfectly fine to answer in more detail, like the last example on the previous page. It is also fine to answer in even more detail (I have an eighteen year old brother, who is a student). This shows that you have confidence when speaking English, and you are willing to add to the conversation.

이러한 질문에 답할 때, 앞 페이지의 마지막 예문처럼 자세하게 대답해 주는 것이 가장 좋습니다. 또한 다음과 같이 더 상세하게 대답해 주는 것도 좋습니다(나에게는 학교에 다니고 있는 8살인 남동생이 있습니다). 이렇게 하면 당신이 영어를 말하는 것에 자신감이 있어 보이게 되며, 대화를 더 이어 나가고자 하는 의지도 보일 수 있습니다.

What does your mother do for a living?

A
❶ What job does your father(mother) have?
❷ What does your mother do for a living?
❸ What occupation does your sister have?
❹ What occupations do your family members have?

B
❶ My father is an accountant.
  My mother is unemployed and stays at home.
❷ My mother works with animals.
❸ My sister is a student at Cambridge University.
❹ My father is a doctor, my mother is a nurse and my
  brother is a student.

A 당신의 아버지(어머니)는 어떠한 직업을 가지고 계십니까?

당신의 어머님은 생계를 위해 어떤 일을 하십니까?

당신의 여자형제는 어떠한 직업을 가지고 있습니까?

당신의 가족들은 어떠한 직업들을 가지고 있습니까?

B 저의 아버지는 회계시입니다.

저의 어머니는 일을 하지 않으며 집에 계십니다.

저의 어머니는 동물들과 관련된 일을 합니다.

저의 여동생(누나)은 Cambridge 대학의 학생입니다.

저의 아버지는 의사이시고, 어머니는 간호사, 그리고 나의 남동생(형)은 학생입니다.

Talking Tip

Everybody knows that "parents" refers to ones mom and dad, and therefore can be used to shorten sentences. However, many people do not know that the word 'siblings' is similarly used to describe ones brother and sister. Using this word will not only allow you to shorten sentences, but also show that your vocabulary is better than average.

아버지와 어머니를 뜻하는 단어가 'parents'라는 것은 누구나 알고 있습니다. 그러나 많은 사람들이 'siblings'라는 단어가 형제, 자매, 남매를 모두 포괄하는 단어라는 것은 잘 모릅니다. 이 단어를 사용하게 되면 문장을 짧게 만들 수 있을 뿐만 아니라 당신의 어휘력이 평균 이상은 넘는다는 것을 보여줄 수 있습니다.

Common Mistake

Never say "My mother is home stay". "Home stay" is used to describe the action of staying at somebody's home when traveling or studying in another country. It does not mean your mother stays at home.

"저의 어머니는 홈스테이입니다"라고 절대 말하지 않도록 합니다. "홈스테이"는 다른 국가에서 여행 또는 공부를 위해서 누군가의 집에 머무르는 것을 의미 합니다. 그것은 당신의 어머니가 외부의 직업이 없이 가사일을 한다(stays at home)는 의미가 아닙니다.

How old are your parents?

A ❶How old are your parents?

❷How old are your mom and dad?

❸What age is your sister?

❹What age are your siblings?

❺When was your brother born?

❻What year was your sister born?

B ❶My Dad is forty-five and my mum is forty-three.

❷My mom and dad are forty-five and forty-three, respectively.

❸She is 12 years old.

❹They are both seven years old.

❺He was born on the 5th of July, 1996. (British English)

❻She was born on July 5th, 1996. (American English)

A 당신의 부모님의 연세는 어떻게 되십니까?

당신의 어머니와 아버지의 연세는 어떻게 되십니까?

당신의 여동생(누나)의 나이는 몇 살입니까?

당신의 형제들의 나이는 몇 살입니까?

당신의 남동생(형)은 언제 태어났습니까?

당신의 여동생(누나)은 몇 년도에 태어났습니까?

B 저의 아버지는 45세이고 어머니는 43세입니다.

저의 어머니와 아버지는 각각 45세, 43세입니다.

그녀는 12살입니다.

두 사람 모두 7살입니다.

그는 1996년 7월 5일에 태어났습니다. (영국식 영어)

그녀는 1996년 7월 5일에 태어났습니다. (미국식 영어)

The word 'mom' is American English, meaning mother, while in British English the word is 'mum'. Furthermore, when stating dates, the American and British ways are different, as seen in the previous example. If you are using the British way, remember to use the preposition 'of' before stating the month.

단어 'mom'은 어머니라는 의미를 가진 미국식 영어이며, 반면 영국식으로는 'mum'이라고 합니다. 이외에도 앞의 예문에서 보았듯이 날짜를 표기할 때에, 미국과 영국은 각각 다른 형식으로 표기합니다. 만약 당신이 영국식 영어를 사용한다면, 전치사 'of'를 월(月) 앞에 쓰는 것을 기억해야 합니다.

Common Mistake

Respectfully and respectively are two words that sometimes get confused despite having two completely different meanings. Respectfully means to show or act with respect. For example, "The girl spoke to the old woman respectfully". However, respectively means in a specifically stated order, for example, "My brother and sister enjoy football and badminton, respectively", means my brother enjoys football and my sister enjoys badminton.

Respectfully와 respectively라는 두 단어는 완전히 다른 의미를 가지고 있음에도 불구하고 혼동되고 있습니다. Respectfully는 경의를 표하거나 존경심을 보여주는 것을 의미합니다. 예를 들자면 "그 여자아이는 노인에게 공손하게 말했습니다"와 같습니다. 그러나 respectively는 앞에 말한 표현에 '각각'이라는 순서를 표시하는 의미입니다. 예를 들어서 "나의 남동생(형)과 여동생(누나)은 풋볼과 배드민턴을 각각 좋아합니다." 이것은 나의 남동생은 풋볼을 좋아하고, 나의 여동생은 배드민턴을 좋아한다는 의미입니다.

Do you get along with your parents?

A ❶ Do you get along with your parents?
❷ Do you often fight with your brother?
❸ How often do you argue with your sister?
❹ Are you close to your mum?
❺ Who are you closest to in your family?
❻ Which family member are you closest to?

B ❶ Yes, I do. I get along with them well.
No, I don't. They are always invading my privacy.
❷ I am always fighting with my brother.
❸ We argue quite often.
❹ My mom and I are really close. We are like best friends.
❺ I am closest with my father.
❻ The family member I am closest with is my sister.

A
당신은 부모님과 사이가 좋습니까?

당신은 남자 형제와 종종 다툽니까?

얼마나 자주 당신의 누나(여동생)와 언쟁을 합니까?

당신은 엄마와 가깝게(친하게) 지냅니까?

당신 가족 중에서 누구와 가장 가깝습니까?

어떤 가족구성원과 가장 가깝습니까?

B
네, 맞습니다. 저는 그들과 잘 지냅니다.

아니요, 그들은 항상 나의 사생활을 침해합니다.

저는 항상 나의 남동생(형)과 싸웁니다.

우리는 꽤 자주 언쟁을 합니다.

저와 엄마는 정말 친밀합니다. 우리는 최고의 친구관계 같습니다.

저는 아버지와 가장 가깝습니다.

저와 가장 가까운 가족은 나의 여동생(누나)입니다.

Talking Tip

The person who is asking this question is usually asking for more information. So when answering the question, try to explain why you like this family member over others. However, if you do not wish to give any more details, you can just say that you are close to everyone. This will usually stop a person from asking for more details.

가족과의 관계에 대해 질문을 하는 사람은 단순히 누구와 가깝다는 답변에 보통 더 많은 질문을 하는 경우가 많습니다. 따라서 대답을 할 때 왜 그런지에 대해서도 함께 답변을 하면 좋습니다. 하지만 가족과의 관계에 대해서 자세한 이야기를 하고 싶지 않다면 당신은 가족 모두와 가깝다고 이야기 할 수 있습니다. 보통 이렇게 대답을 하면 질문자는 더 많은 질문을 하지 않습니다.

Tell me about your parents.

A
❶ What are your parents like?
❷ What is your mom's personality like?
❸ What attributes does your brother have?
❹ Tell me about your parents.

B
❶ My father is quite relaxed, but my mother is highly strung.
❷ She is quite open-minded.
❸ He is really friendly and studious.
❹ My mother and father are strict.
They are both really irritating.

A 당신의 부모님은 어떠한 분들입니까?

당신 어머님의 성격은 어떻습니까?

당신의 남동생(형)은 어떤 특징을 가지고 있습니까?

당신의 부모님에 대해 말해주세요.

B 저의 아버지는 매우 느긋하고 여유로운데 반해 저의 어머니는 매우 예민합니다.

그녀는 매우 열린 마음의 소유자입니다.

그는 매우 친밀하고 학구적입니다.

저의 어머니와 아버지는 엄격합니다.

그들은 둘 다 정말 짜증스럽습니다.

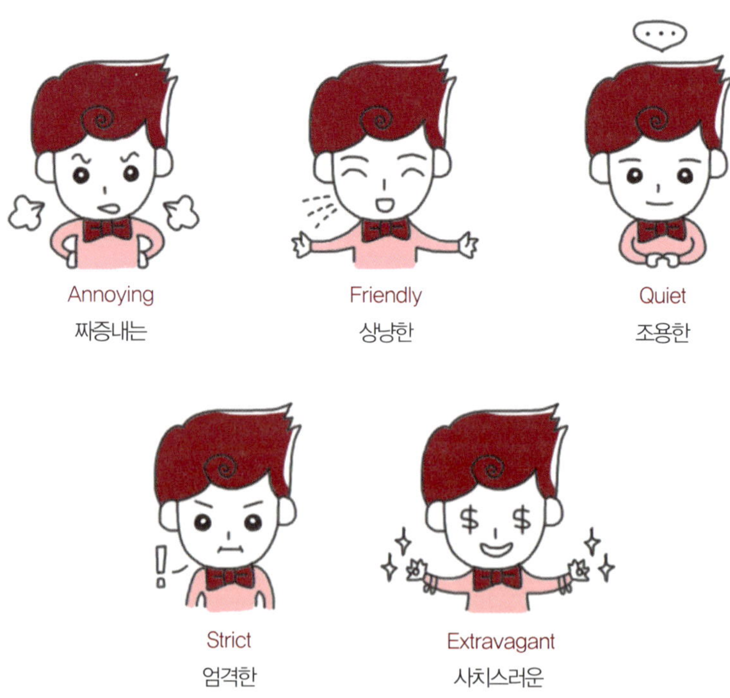

'Highly strung' is an expression that is used to describe somebody who gets easily upset and stressed. Here is a list of some useful vocabulary that can be used when describing someone:

'Highly strung'이라는 표현은 쉽게 화내고 스트레스를 받는 사람에 대해 묘사할 때 쓰입니다. 여기 사람을 묘사할 때 쓰이는 몇 가지 유용한 어휘들이 있습니다.

Annoying	짜증스러운
Attentive	주의를 기울이는
Caring	배려하는
Embarrassing	난처한(쑥스러워 하는)
Extravagant	낭비하는(사치스러운)
Friendly	상냥한(친절한)
Frustrating	좌절감을 주는
Helping	도움이 되는
Irritating	신경질 적인
Kind	친절한
Nosy	참견하기 좋아하는
Open minded	열린 마음의
Quiet	조용한
Strict	엄격한
Studious	학구적인
Understanding	이해심이 있는

Common Mistake

Try not to answer a question about personality with the words 'happy' or 'sad'. These words are usually used to describe a person's feelings at a particular point in time as nobody is happy or sad all the time. Therefore, try and use an adjective that best describes you or your family member all of the time. For example, "My family are caring".

'행복하다(happy)'거나 '슬프다(sad)'와 같은 단어로 사람의 성격을 말하지 않도록 합니다. 이러한 단어들은 보통 어떤 "특정 시점"의 정서를 이야기 하는 것입니다. 왜냐하면 사람들이 항상 슬프거나 행복하지는 않기 때문입니다. 그러므로 일관성 있게 당신과 당신 가족을 가장 잘 설명해 줄 수 있는 형용사를 사용해야 합니다. 예를 들면 "우리 가족은 서로서로 배려합니다"와 같은 표현입니다.

When do you spend time with your family?

A ❶What kinds of things do you and your family do together?

❷What do you like to do with your family?

❸What things do you do with your family?

❹What things don't you like to do with your family?

❺When do you spend time with your family?

B ❶We usually go to the cinema together every Sunday, and have dinner afterwards.

❷I like to watch TV with my family.

❸We often go to the beach on Saturdays.

❹I hate going to church with my family. It can be so boring.

❺I usually hang out with them on weekends.

A 당신과 당신 가족은 어떠한 종류의 일들을 함께 합니까(즐깁니까)?

당신은 가족과 무엇을 함께 하는 것을 좋아합니까?

당신은 어떤 일들을 가족과 함께 합니까?

당신은 어떠한 일들을 가족과 함께 하고 싶지 않습니까?

당신은 언제 가족과 함께 시간을 보냅니까?

B 우리는 보통 일요일에 가족과 함께 영화를 보고 난 후 저녁을 함께 먹습니다.

저는 가족과 함께 TV보는 것을 좋아합니다.

우리는 종종 토요일마다 바닷가에 갑니다.

저는 가족과 함께 교회 가는 것이 싫습니다. 그것은 매우 따분합니다.

저는 거의 주말에 그들(가족)과 함께 시간을 보냅니다.

Talking Tip

'Hang out' is an expression that means spending time and relaxing with a person or people. For example, "I enjoy hanging out with my friends" is the same as saying "I enjoy spending time and relaxing with my friends".

The words 'always', 'usually', 'often', 'sometimes', 'occasionally', 'rarely' and 'never' are great words to describe how much you or somebody else does something. However, you must use them correctly. See the table below:

'Hang out'이라는 표현은 사람들이 함께 시간을 보내고 휴식을 취하는 것을 의미합니다. 예를 들면 "I enjoy hanging out with my friends"는 "나는 친구들과 함께 시간을 보내고 휴식하는 것을 즐깁니다"라는 의미입니다.

단어 'Always', 'Usually', 'Often', 'sometimes', 'occasionally', 'rarely', 그리고 'never'는 무엇을 얼마나 자주 하는지를 설명할 때 좋은 표현입니다. 하지만 빈도에 따라서 반드시 정확하고 올바르게 사용해야 합니다. 아래 표에서 빈도를 확인할 수 있습니다.

Word (단어)	Frequency (빈도수)
always (항상)	100%
usually (보통, 거의)	80%
often (종종)	60%
sometimes (때때로)	30~40%
occasionally (가끔씩)	20%
rarely (드물게)	10%
never (절대로 ~않다)	0%

Topic 4

Talking about someone else (introducing others)

다른 사람에 관해 말하기
(다른 사람 소개하기)

This short topic will look at the best ways to introduce other people. Introducing someone else can be a very difficult thing to do. Therefore, follow these instructions if you find yourself in this situation. There will be three people in this conversation; David, Michael and Billy. David is introducing two friends to each other.

이 파트에서는 다른 사람을 소개할 때 가장 좋은 방법을 알아보도록 하겠습니다. 사람을 소개하는 것은 매우 어려운 일일 수 있습니다. 그러므로 만약에 당신이 누군가를 소개할 상황에 놓인다면 이 파트의 설명을 잘 익혀주십시오. 이번 파트에는 David와 Michael, 그리고 Billy 이렇게 3명이 등장합니다. David가 두 명의 친구들을 서로에게 각각 소개합니다.

Michael, this is Billy. Billy, this is Michael.

David ： Michael, this is Billy. Billy, this is Michael.

Michael ：❶ Nice to meet you Billy.
❷ Great to meet you.
❸ Really nice to meet you.

Billy ：❶ Nice to meet you too, Michael.
❷ Great to meet you too.
❸ Really nice to meet you too.

David	Michael, 이 분은 Billy입니다. Billy, 이 분은 Michael입니다.
Michael	만나서 반갑습니다. Billy. 만나게 되어 대단히 좋습니다. 만나게 되어 정말 기쁩니다.
Billy	만나서 반갑습니다. Michael. 저 역시 만나게 되어 대단히 좋습니다. 저 역시 만나게 되어 정말 기쁩니다.

Talking Tip

This is the most common and informal way to introduce someone. When being introduced, it is always polite to say that it is nice to have met that person, while also not forgetting to smile.

위 표현은 누군가를 소개할 때 사용하는 가장 일반적이며 편안한 표현방법입니다. 소개받을 때에는 미소 짓는 것을 잊지 말아야 하며, 만나게 되어 정말 반갑다고 말해야 합니다.

Common Mistake

In Korea it is not always polite to look at someone you have just met in the eyes. However, in the West, it is common to look at a person in the eyes and shake their hands firmly. Neither is right nor wrong, just another example of cultural difference.

한국에서는 처음 만난 사람의 눈을 바라보는 것이 공손하지 않게 여겨지는 경우도 있는 듯합니다. 하지만 서구 문화에서는 상대방과 눈을 맞추고 손을 꼭 잡고 악수를 하는 것이 일반적입니다. 어느 것이 옳고 그른 것은 없습니다. 단지 한국과 서구의 문화적 차이의 한 예일 뿐인데, 영어를 사용할 때에는 영어권 국가의 문화를 따라주시는 것이 좋습니다.

CD A_Topic 04-002, E_Topic 04-002

This is Billy, and this is Michael.

Saying it is nice to meet someone is a great response to being introduced, but there are others. Here are some more examples:

David This is Billy, and this is Michael.

Michael ❶ I am happy to finally meet you.
❷ I have heard so much about you.
❸ So you are Michael. David speaks so highly of you.

Billy ❶ The feeling is mutual.
❷ Likewise. I have heard so much about you too.
❸ That's very nice of David. He speaks highly of you too.

만나게 되어 반갑다는 말을 하는 것은 소개받을 때 하는 가장 좋은 표현입니다. 하지만 그밖에 다른 표현 방법도 있습니다. 다음의 예를 참고하세요.

David : 이쪽은 Billy, 그리고 이쪽은 Michael입니다.

Michael : 마침내 당신을 만나게 되어 기쁩니다.
당신에 대해 많은 이야기를 들었습니다.
아, 당신이 Michael이군요. David가 당신 칭찬을 많이 합니다.

Billy : 저도 동감입니다.
동감입니다. 저 역시 당신에 대해 많은 이야기를 들었습니다.
David에게 감사해야겠군요. David는 당신의 칭찬 역시 많이 합니다.

Talking Tip

The term "the feeling is mutual" means that you feel the same way as someone else. It is a good expression to use in introductions, as the above example shows. After you are introduced to someone, there can often be an uncomfortable silence while you wait for someone to speak. To avoid this you should ask the person some personal questions, for example, "Where are you from?" or "What do you do?". For more examples, see topic one.

"The feeling is mutual"은 당신이 상대방과 같은 감정을 느끼고 있다는 것을 말하는 표현입니다. 위 예문에서처럼 소개받을 때 사용할 수 있는 좋은 표현입니다. 당신이 다른 사람에게 소개 된 후에, 상대방의 말을 기다리는 동안 잠시 어색한 침묵이 흐를 수도 있습니다. 이러한 상황을 피하려면 당신이 먼저 질문을 하면 됩니다. 예를 들어 "어디 출신이신가요?" 또는 "무슨 일을 하십니까?" 등입니다. 보다 다양한 예문을 참고하시려면 Topic 1을 참고하시면 됩니다.

Common Mistake

Try to remember that you are meeting this person for the first time, so try not to make your questions too personal. Do not ask questions about age or religion for example. This has happened to me far too many times, and although it is perfectly ok in Korean culture, Western people may find it rude.

처음 만난 사람에게 너무 사적인 질문은 하지 말아야 합니다. 예를 들어 종교나 나이 등은 묻지 않도록 합니다. 저는 한국에서 생활하면서 처음 만난 사람으로부터도 이러한 질문을 무수히 받았는데, 한국문화에서는 경우에 따라 괜찮다고 할 수 있더라도, 서양인들은 무례하다고 생각할 수 있습니다.

I'm sorry, I don't think I know your name.

Michael
- ❶ I'm sorry, I am Michael.
- ❷ I don't think we have been introduced, I am Michael.
- ❸ I'm sorry, I don't think I know your name.
- ❹ I'm sorry. Your name is...?

David
- ❶ Nice to meet you Michael. I'm David.
- ❷ I'm David.
- ❸ That's ok. It's David. And you?
- ❹ It's David. And yours is...?

Michael 실례하지만, 전 Michael이라고 합니다.

우리가 서로 소개된 적이 없는 것 같은데, 저는 Michael이라고 합니다.

실례합니다. 제가 당신 이름을 알지 못하고 있군요.

실례합니다. 당신 이름이…?

David 만나서 반갑습니다, Michael. 저는 David입니다

저는 David입니다.

괜찮습니다. David입니다. 당신은요(당신의 이름은 무엇입니까)?

저는 David입니다. 당신의 이름은…?

Talking Tip

The previous sentences can be used if you find yourself in a situation where you haven't yet been introduced, or David has forgotten to introduce you. It is fine to introduce yourself before you have been introduced, but it is advisable that you do not wait a long time before you do this.

앞의 표현들은 당신이 정식으로 소개받지 않은 사람들과 함께 있을 때 사용할 수 있습니다. 또는 David가 당신들을 소개하는 것을 잊었을 때에도 사용할 수 있습니다. 모르는 사람과 함께 있는 이런 상황에서는 누군가가 자신을 소개해 주기를 너무 오래 기다리지 말고 먼저 다가가 자신을 소개하는 것이 좋습니다.

I'd like you to meet Mr. Kim.

Below are some additional ways to formally introduce someone.

David　❶ I'd like you to meet Mr./Mrs./Ms/Miss/Dr. (Last name).

❷ Let me introduce to you Mr./Mrs./Ms/Miss/Dr. (Last name).

❸ I'd like to introduce (first and last name).

다음은 다른 사람을 소개할 때 쓰이는 보다 격식 있는 표현들입니다.

David　저는 당신이 (Mr./Mrs./Ms/Miss/Dr. ____)를 만나기를 바랍니다.

제가 당신에게 (Mr./Mrs./Ms/Miss/Dr. ____)를 소개하겠습니다.

저는 (Mr./Mrs./Ms/Miss/Dr. ____)를 소개하고 싶습니다.

You can answer the above questions the same way as earlier in the topic. For example, "The feeling is mutual" etc.

In Western culture you have to be careful when using 'Miss' and 'Mrs' when addressing a female. While a man doesn't mind being called 'Mr' whether he is married or not, a female might not be so happy being called 'Mrs' if she is not married. This is because being called 'Mrs' might mean that you think that they look old.

위와 같은 소개의 대화중에 앞에 언급 드린 표현들을 두루 사용할 수 있습니다. 예를 들어 "The feeling is mutual(동감입니다)" 등과 같은 표현들입니다.

서양문화에서는 여성을 소개할 때 Miss 또는 Mrs.의 사용에 주의해야 합니다. 남자들은 결혼유무와 관계없이 Mr.를 붙여 부르는 것에 반해, 여자들은 결혼하지 않은 여성은 Miss를 사용합니다. 따라서 결혼도 안 했는데 Mrs.로 불린다면 매우 언짢을 것입니다. 그건 나이 들어 보인다는 것을 의미하기 때문입니다.

Topic 5

Talking about studying English

영어 공부에 대해 말하기

Studying English is a topic often talked about, especially in the classroom, and usually by the teacher. Before studying English, it is important to know why you are studying it and what areas you want to improve. Hopefully this unit will give you some ideas.

영어공부에 관한 대화주제는 영어공부를 하는 여러분들이 많이 접하게 됩니다. 특히 원어민 강사와 영어수업을 한다면 강사들은 종종 이런 주제로 여러분에게 질문을 합니다. 강사들은 영어공부를 시작하기 전에 당신이 왜 영어를 공부하고, 어떤 분야의 영어능력을 향상시키고 싶은지를 알고자 하며, 또 학습자 본인도 그것을 인식하는 것이 중요하다고 생각하기 때문입니다. 본 파트의 학습을 통해서 여러분들이 영어공부에 관하여 좋은 아이디어를 갖게 되길 희망해 봅니다.

Do you enjoy studying English?

A ❶ Do you like English?

❷ Do you enjoy studying English?

B ❶❷ Yes, I do. / No, I don't.

A 당신은 영어를 좋아합니까?

당신은 영어공부 하는 것을 즐기나요?

B 네, 좋아합니다. / 아니요, 좋아하지 않습니다.

Any of the above answers can be answered with any of the above questions.
모든 답변이 위 질문에 대한 대답이 될 수 있습니다.

Common Mistake

This is a very commonly asked question in the classroom. When asked this, you should probably answer 'yes'. You would be surprised how many times I have heard 'no'! It is extremely off-putting for the teacher, and they will often wonder why you are in the classroom. It is always polite to say yes, even if you don't mean it.

위 질문은 영어수업시간에 흔하게 받는 질문입니다. 이런 질문을 받았을 때, 여러분은 아마 당연히 "yes"라고 대답할 것입니다. 하지만 우리들의 예상 외로 이 질문에 "no"라고 대답하는 사람들이 상당히 많습니다. 그런데 "no"라는 답변은 강사를 지극히 당황스럽게 만드는 답변이며, 심지어는 학생이 왜 강의실에 와 있는가를 의아하게 느껴지도록 만들기도 합니다. 물론 구체적인 이유가 있다면 "no"라고 이야기 하면서도 좋은 대화를 나눠 볼 수 있겠으나 아무 생각 없이, 또는 단순히 재미를 위해서 "no"라는 답변은 하지 않도록 합니다.

Why are you studying English?

A ❶ Why are you studying English?

❷ For what reasons are you studying English?

❸ Tell me why you have chosen to study English.

❹ Why English and not another language?

B ❶ I am studying English because it is an important language.

❷ Because it is the most global language in the world.

❸ I study English because my parents tell me to.

❹ I think English is better than any other language.

A 당신은 왜 영어공부를 합니까?

당신이 영어를 공부하는 이유는 무엇입니까?

당신이 왜 영어공부 하기를 선택해 왔는지 말해주세요.

왜 다른 언어가 아닌 영어입니까?

B 저는 영어가 중요한 언어이기 때문에 영어를 공부하고 있습니다.

왜냐하면 영어가 세계에서 가장 글로벌한 언어이기 때문입니다.

저는 부모님께서 조언해 주셔서 영어공부를 합니다.

저는 영어가 다른 어떤 언어들 보다 더 낫다고 생각합니다.

The questions on the previous page and the questions below are very similar. However, the questions below are asking you to be more specific.

앞 페이지의 질문들과 아래 소개드릴 질문들은 매우 비슷합니다. 하지만 아래의 질문들은 앞 질문에 비해 보다 세부적인 사항을 물어보고 있습니다.

A ❶ What are you looking to improve?

❷ What aspects of English do you hope to get better at?

❸ What area of English is your weakest?

❹ Why do you study English?

B ❶I am looking to improve my communication skills.

❷I want my writing ability to get better.

❸I am not good at listening.

My speaking is weak, but I want to improve.

❹I am studying English because I want to get a good job in the future. / Because I really hope to become a fluent English speaker.

A 무엇을 향상시키려고 하십니까?

영어의 어떤 측면을 더 향상시키길 희망하십니까?

영어의 어느 영역이 당신의 약점입니까?

왜 영어공부를 합니까?

B 저는 저의 의사소통 기술을 향상시키길 고려하고 있습니다.

저는 저의 쓰기능력이 나아지길 원합니다.

저는 듣기에 익숙하지 않습니다.

저의 말하기는 약합니다. 하지만 향상시키길 원합니다.

저는 미래에 좋은 직업을 갖기 원하기 때문에 영어를 공부하고 있습니다. / 왜냐하면 저는 유창하게 영어로 말할 수 있는 사람이 되기를 진정으로 원하고 있기 때문입니다.

Talking Tip

These are very important questions, so when asked, try to make your answer specific. Not only can it help the teacher identify your weak point and improve it, but it can also help the teacher enhance what you are already good at.

위의 질문들은 매우 중요합니다. 따라서 질문을 받게 되면 구체적으로 대답할 수 있도록 노력해야 합니다. 그러면 선생님은 당신의 부족한 부분을 알게 되고 그것을 향상시키는 데 도움을 줄 뿐만 아니라, 당신이 잘하고 있는 부분도 더 향상되도록 도움을 줄 수 있을 것입니다.

003

What is the most difficult thing about English?

A
1. What is the most difficult thing about English?
2. What is the hardest part of studying English?
3. What area of studying English do you find the most difficult?
4. What aspect of English do you struggle with?
5. What is your weak point when studying English?

B
1. I find choosing the right word when speaking to be the most difficult thing.
2. The most difficult part is listening to preposition placement.
3. Understanding native speakers is the area I find most difficult.
4. I struggle with grammar when writing.
5. Intonation is my weak point.

A 영어에 관해 가장 어려운 것이 무엇입니까?

영어공부 하는 데 가장 힘든 파트는 무엇입니까?

당신은 영어 공부의 가장 어려운 영역이 어떤 영역이라고 알게 되었습니까?

당신은 영어의 어떤 측면에 헤매고 있습니까?

영어공부를 할 때 당신의 약점은 무엇입니까?

B 저는 말할 때 적절한 단어를 선택하는 것이 가장 어렵다고 생각합니다.

가장 어려운 파트는 전치사의 위치를 듣는 것입니다.

원어민을(원어민의 말을) 이해하는 것이 제가 알게 된 가장 어려운 영역입니다.

저는 쓰기를 할 때 문법에 헤맵니다.

억양이 저의 약점입니다.

Common Mistake

If you are giving an answer, try not to be too general("I find speaking difficult"). If you can, give more details("I find choosing the right word when speaking to be difficult"). The more detail you give, the more the teacher can understand and help you.

영어에 관해 강사와 대화를 할 때 너무 광범위한 답변 보다는 구체적인 답변을 하시는 것이 좋습니다. 예를 들면 "말하기(speaking)가 어렵습니다" 같은 말보다는 "말할 때 적절한 단어를 선택하는 것이 어렵습니다" 같은 세부적인 대답이 더 좋습니다. 보다 구체적일 때 당신은 선생님으로부터 더 많은 도움을 얻을 수 있습니다.

Common Mistake

Although 'week' and 'weak' sound the same when speaking, they have completely different spellings when writing. 'Week' is used when writing days (Monday/Tuesday…), but 'weak' means a lack of strength.

'Week'와 'weak'의 발음은 동일합니다. 하지만 이 둘은 완전히 다른 스펠링이니 영어쓰기(writing)를 할 때 조심해야 합니다. Week는 잘 아시겠지만 '주'를 나타내는 것이며, weak는 '약하다'는 의미입니다.

004

How do you study English at home?

A ❶ What is your favorite way to study English?

❷ What methods do you use when studying English?

❸ How do you practice your English skills?

❹ How do you study English at home?

B ❶ I like to watch English movies.

❷ I watch English sitcoms like 'Friends'.

I usually read English books.

❸ I often meet with native speakers. It is a great help.

❹ A teacher comes to my home twice a week. / I read English study books at home. / I study vocabulary on the Internet.

A 무엇이 영어 공부에서 당신이 가장 좋아하는 방법입니까?

영어 공부 할 때 어떤 방법을 당신은 사용합니까?

당신의 영어스킬을 위해서 어떻게 연습합니까?

집에서 당신은 영어를 어떻게 공부합니까?

B 저는 영어로 된 영화보기를 좋아합니다.

저는 'Friends'와 같은 영어 시트콤을 봅니다.

저는 대개 영어책들을 읽습니다.

저는 종종 원어민을 만납니다. 그것은 큰 도움이 됩니다.

선생님이 일주일에 두 번 저희 집에 옵니다. / 저는 집에서 영어 학습서들을 읽습니다. /

저는 인터넷에서 어휘를 공부합니다.

Talking Tip There are so many ways to study English at home, but in my opinion, studying conversation is the most effective way to improve understanding and communication. Therefore, try to read conversational books or join a conversational English class.

집에서 홀로 영어공부를 할 수 있는 방법은 많이 있습니다. 하지만 의사소통과 이해력을 향상시키는 가장 좋은 방법은 대화를 통해 공부하는 것이리고 생각합니다. 따라서 대화형식으로 되어 있는 회화 책을 읽거나 영어 회화 수업에 참여해 보시길 조언 드립니다.

Do you plan to study abroad in the future?

A
❶ Do you plan to study abroad in the future?
❷ Would you like to travel abroad?
❸ What English speaking country do you wish to travel to?
❹ What is the best country to study English?
❺ Where do you want to study in the future?

B
❶ Yes, I do. / No, I don't.
❷ Yes, I would. I would like to travel to America and Australia.
❸ I want to go to New Zealand.
  I hope to go to Ireland. I have heard it is beautiful.
❹ I think England is the best place to study. They speak so clearly.
❺ I want to study in Wales.

A 당신은 미래에 해외에서 공부할 계획이 있습니까?

당신은 해외여행을 하길 원하십니까?

당신은 어떤 영어권 국가를 여행하길 희망하십니까?

어느 국가가 영어공부 하기에 가장 좋다고 생각합니까?

미래에 어디에서 영어공부를 하길 원합니까?

B 네, 그렇습니다. / 아니요, 그렇지 않습니다.

네, 그러려고 합니다. 저는 미국과 호주를 여행하고 싶습니다.

저는 뉴질랜드에 가길 원합니다.

저는 아일랜드에 가길 희망합니다. 저는 그곳이 아름답다고 들었습니다.

저는 잉글랜드가 공부하기에 가장 좋은 장소라고 생각합니다. 그들은 매우 또렷하게 말합니다.

저는 웨일즈에서 공부하고 싶습니다.

Talking Tip

It is sometimes important to respect where the teacher is from before you answer this question. It is perfectly fine to say you want to study in another country, but try not to offend the teacher. One student once told me that he didn't want to study in Britain because he thought all British people were arrogant. Luckily, this did not upset me, but it could have easily upset others.

이러한 질문에 대답하기 전에, 당신에게 이 질문을 하는 사람이나 선생님이 어느 나라 사람인지를 생각해 보고 그 나라 위주로 얘기해 보는 것도 대화의 호감을 이어가는 데에는 매우 도움이 됩니다. 물론 그것과 상관없이 당신이 정말 원하는 나라를 이야기해도 전혀 무방합니다. 하지만 혹여 묻는 사람의 기분이 상하지 않도록 배려하는 것이 필요합니다. 예전에 한 학생이 영국(웨일즈) 출신인 저에게 모든 영국인들이 거만하기 때문에 영국에서 공부하고 싶지 않다고 말한 적이 있습니다. 다행히 감정이 상할 상황은 아니었으나, 배려 없는 대화는 상대의 감정을 다치게 하고 즐거운 대화분위기를 해치게 하는 경우도 종종 있다는 것을 주의하는 것이 좋습니다. 영어 이전에 만국의 공통언어는 바로 인간에 대한 '친절', '배려'이기 때문입니다.

Topic 6

Talking about travel

여행에 관해 말하기

Travel is a very useful topic to talk about, as you may find you have a lot in common with the person you are talking to, especially if you have both visited the same places. Topics for such conversations are endless, and include places, food, people, and the weather. This unit will help you perfect your conversation skills when talking about travel, as well as highlight some common errors.

여행은 매우 유용한 대화의 주제인데, 특히 같은 장소를 다녀온 사람과 그곳에 관해 대화한다면 함께 공유할 것이 매우 많은 주제입니다. 이러한 대화는 명소들, 음식들, 사람들, 그리고 날씨 등 끊임없이 대화가 이어집니다. 이번 토픽의 학습은 여행에 관한 대화기술을 향상시키고, 또한 여행에 관한 영어에서 자주 하는 실수를 줄일 수 있도록 도울 것입니다.

Have you traveled overseas?

A ❶ What countries have you traveled to?

❷ Have you traveled overseas?

❸ Have you traveled?

❹ Have you ever been overseas?

❺ Have you done any traveling?

❻ What countries have you been to?

B ❶ I have traveled to England and Japan.

❷ Yes, I have. / No, I haven't.

❸ Yes, I went to Japan when I was young.

❹ Yes, I have. / I have never traveled overseas.

❺ Sure, I have been all over Asia.

❻ I have been to America, China, France and Germany.

A 당신은 어떤 국가들을 여행해 보셨습니까?

당신은 해외여행을 해 보신 적이 있습니까?

당신은 여행을 해 보셨습니까?

당신은 이제껏 해외에 가 본 적이 있습니까?

당신은 어떤 여행이라도 한 적이 있습니까?

당신은 어떤 국가들을 가 보셨습니까?

B 저는 영국과 일본을 여행했습니다.

네, 있습니다. / 아니요, 없습니다.

네, 제가 어렸을 때 일본에 갔었습니다.

네, 있습니다. / 저는 해외여행을 해본 적이 없습니다.

물론이죠, 저는 아시아 전역을 가 보았습니다.

저는 미국, 중국, 프랑스 그리고 독일에 가 보았습니다.

Common Mistake

When naming the countries you have been to, make sure you get the English name right. It is a common misconception that the English name of a country is the same in the Korean language. However, while many are the same, there are others that are not. Here are some common errors:

당신이 여행한 국가의 이름을 말 할 때, 정확한 영어명칭을 이야기해야 합니다. 한국에서도 국가이름을 영어식 이름 그대로 사용하는 경우가 많은데, 이것이 실제 국가이름과 같은 경우도 많지만 다른 경우도 많습니다. 이런 이유로 국가 이름에서 실수가 자주 발생합니다. 국가명칭에서 몇 가지 자주 하는 실수들을 아래와 같이 체크해 볼 수 있습니다.

Checko	Czech republic라고 해야 합니다.
Italia	Italy라고 해야 합니다.
German or Dutch	Germany라고 해야 합니다.
Dutch	Netherlands or Holland라고 해야 합니다.
Brazillia	Brazil이라고 해야 합니다.
Thai	Thailand라고 해야 합니다.
Indo	India라고 해야 합니다.
Africa	Not a country but a continent (Africa는 국가이름이 아닌 대륙명입니다)

When talking about the UK (Great Britain), try to remember that there are four countries that make up the UK. They are England, Scotland, Northern Ireland and Wales. You would be surprised by how many people think England, Wales and Scotland are the same country.

한국 사람들은 영국을 England라고 알고 있는데 잘못된 표현입니다. 영어로 영국을 말하려면 UK(United Kingdom or Great Britain)라고 말해야 합니다. England는 UK를 구성하는 국가 중 한 곳에 불과합니다. 나머지 3개의 국가는 Scotland, Northern Ireland, Wales입니다. 이들은 영국을 구성하는 요소지만 국제축구대회에 각각 별도의 팀으로 출전을 할 정도로 다른 국가들입니다.

It is important to write lists correctly. One common mistake people make when writing lists is the use of the word 'and'. For example, "I have been to England and Japan and China and Australia" is wrong. Try to follow this rule:

A and B

A, B and C

A, B, C and D

A, B, C, D and E

Therefore, the correct sentence would be, "I have been to England, Japan, China and Australia".

목록을 나열할 때 정확한 방식으로 표현하는 것이 중요합니다. 글쓰기에서는 그렇지 않지만, 말하기를 할 때에는 'and'를 너무 남발하는 실수를 자주 봅니다. 예를 들면 "I have been to England and Japan and China and Australia"와 같은 식인데 틀린 표현입니다. 다음과 같이 여러 개를 나열할 때에는 'and'를 마지막에만 써야 합니다.

A and B

A, B and C

A, B, C and D

A, B, C, D and E

그러므로 위 문장은 맞는 표현은 "I have been to England, Japan, China and Australia"입니다.

Where did you stay?

A ❶ Where did you stay?

❷ Where did you stay when you were there?

❸ What kind of place did you stay in?

B ❶❷❸

I stayed in a hotel.

I stayed on a farm.

I stayed in a youth hostel.

I stayed on a campsite.

I slept in a tent.

In my uncle's home.

A 당신은 어디에서 머물렀습니까?

당신은 그곳에 있었을 때 어디에서 머물렀습니까?

당신은 어떤 종류의 숙소에서 머물렀습니까?

B 저는 호텔에서 머물렀습니다.

저는 농장에서 머물렀습니다.

저는 유스호스텔에서 머물렀습니다.

저는 야영지에서 머물렀습니다.

저는 텐트에서 잤습니다.

삼촌 댁에서요.

Any of the above answers can be answered with any of the above questions.
모든 답변이 위 질문에 대한 대답이 될 수 있습니다.

003

Who were you staying with?

A
❶Who did you stay with?
❷Who stayed with you?
❸Who were you staying with?

B
❶I stayed with friends. / I was with my little brother.
❷Nobody. I traveled alone.
　My family stayed with me.
❸I stayed with my sister. / I was staying with a friend.

A
당신은 누구와 함께 지냈습니까?
누가 당신과 함께 지냈습니까?
당신은 누구와 함께 지냈습니까?

B
저는 친구들과 지냈습니다. / 저는 제 남동생과 함께 있었습니다.
아무도 같이 하지 않았습니다. 저는 혼자 여행했습니다.
제 가족이 저와 함께 있었습니다.
저는 제 누이와 함께 지냈습니다. / 저는 친구와 함께 있었습니다.

When answering the question "Where did you stay?", it is perfectly fine to also reveal who you were staying with. You could also go on to talk about what the place was like. The person is often asking for more details anyway, and this also shows how good your level of English is. Look below for examples:

"어디에서 머물렀습니까?"라는 질문에 답할 때, 당신이 누구와 함께 있었는지도 같이 말하는 것이 좋습니다. 이후 당신이 지냈던 장소가 어땠었는지에 대해서도 같이 말해 보도록 합니다. 그저 주어지는 질문에 대답만을 하는 것이 아니라 여러 얘기를 덧붙여 말한다면 당신의 영어수준이 좋다는 것을 보여줄 수 있을 것이며, 대화에 활력도 붙을 것입니다. 예를 들면 다음과 같습니다.

B ❶ I stayed in a hotel, with my sister. It was very expensive.

❷ I stayed on a farm, with my friend. It was very cold.

❸ I stayed at my friend's house, which was very big, with my girlfriend.

B 저는 누이와 함께 호텔에서 지냈습니다. 호텔은 매우 비쌌습니다.

저는 친구와 함께 농장에서 지냈습니다. 그곳은 매우 추웠습니다.

저는 친구의 집에서 여자친구와 머물렀는데, 그 집은 매우 컸습니다.

What mode of transport did you use?

A ❶ How did you get there?

❷ How did you travel there?

❸ What mode of transport did you use?

❹ What transportation did you use?

❶❷❸❹

B I traveled by train. / By airplane.

I flew there.

I drove all the way there.

I took a bus there. / I went by bus.

A 당신은 그곳에 어떻게 갔습니까?

당신은 그곳에 어떻게 여행을 갔습니까?

당신은 어떤 이동 수단을 이용했습니까?

당신은 어떤 이동 수단을 이용했습니까?

B 저는 기차로 여행을 했습니다. / 비행기로 했습니다.

저는 그곳에 비행기로 갔습니다.

저는 그곳에 운전해서 갔습니다.

저는 그곳으로 (가는) 버스를 탔습니다. / 저는 버스로 갔습니다.

Any of the above answers can be answered with any of the above questions.
모든 답변이 위 질문에 대한 대답이 될 수 있습니다.

You can also answer the previous questions with more detail, like we have done previously. Therefore, instead of just answering the question, also talk about what the traveling experience was like. Here are some examples.

앞의 질문에도 마찬가지로 단순히 질문에 대한 대답만을 하기 보다는 자신이 이용한 이동수단의 느낌이 어떠했는지 등을 함께 이야기하면 좋습니다. 다음은 몇 가지 예입니다.

B ❶I flew there. It was the longest flight I have ever taken.

❷I drove all the way there, and it was very boring.

❸We took an uncomfortable bus there.

B 저는 그곳에 비행기를 타고 갔습니다. 제가 지금까지 경험해 본 가장 긴 비행시간이었습니다.

저는 운전을 해서 갔습니다. 운전은 정말 지루했습니다.

우리는 불편한 버스를 타고 갔습니다.

How long were you there?

A
❶ How long did you stay there?
❷ For how long did you stay?
❸ How long were you there?
❹ How long were you in New Zealand?
❺ How long for?

❶❷❸❹❺

B
I stayed there for two weeks.

For a week.

I stayed in America for one week and Canada for three days.

From May 12th to June 5th. (American English)

From the 12th of May to the 5th of June. (British English)

Any of the above answers can be answered with any of the above questions.
모든 답변이 위 질문에 대한 대답이 될 수 있습니다.

A   당신은 그곳에 얼마나 오래 머물렀습니까?

당신은 얼마나 오래 머물렀습니까?

당신은 얼마나 오래 그곳에 있었습니까?

당신은 뉴질랜드에 얼마나 오래 있었습니까?

얼마나 오래 (있었습니까)?

B   저는 2주 동안 그곳에 머물렀습니다.

일주일 동안입니다.

저는 미국에 일주일간 머물렀고 캐나다에 3일간 머물렀습니다.

5월 12일부터 6월 5일까지입니다. (미국식 영어)

5월 12일부터 6월 5일까지입니다. (영국식 영어)

Talking Tip

If you can't remember the exact amount of days that you travelled, use words like 'maybe/about/perhaps'. For example, "I stayed there for about two weeks". This way, the person you are talking to knows that you don't know exactly. Try to refrain from simply saying 'I don't know'. You should try to give some estimate of time in order to be polite and keep the conversation going.

만일 정확히 며칠간 여행했는지 기억이 나지 않는다면 maybe/about/perhaps와 같은 단어를 사용할 수 있습니다. 예를 들면 'I stayed there for about two weeks'와 같은 표현입니다. 이런 표현을 쓰면 상대방은 당신이 정확한 기간은 모르고 있구나 하고 이해를 할 것입니다. 단순히 무성의하게 'I don't know'라고 말하지 말도록 합니다. 예의 있는 대화관계를 위해서 그리고 대화가 이어져 나갈 수 있도록 대략적인 시간을 추정하여 대답할 수 있도록 합니다.

Common Mistake

A common preposition problem occurs when talking about time. We usually use the word 'for' when we talk about time, and the words 'from' and 'to' when giving a more specific answer. For example, "I stayed there FOR two weeks" and "I stayed there FROM the 1st of June TO the 14th of June".

시간을 말할 때 전치사에 관하여 어려움을 느끼는 경우가 많습니다. 흔히 'for'는 기간을 이야기 할 때 사용되며, 이것을 보다 구체적인 기간으로 말하고자 할 때에는 'from ~ to'를 사용합니다. 예를 들면 "I stayed there FOR two weeks", "I stayed there FROM the 1st of June TO the 14th of June"과 같은 문장들을 참고해 볼 수 있습니다.

006

What did you do there?

A
❶ What did you do there?
❷ What did you do when you were there?
❸ What kinds of things did you see?
❹ What was your favorite thing you did?
❺ Tell me, what did you do there?

B
❶ I went to many museums and saw a castle.
❷ I tried all different kinds of strange food, like octopus.
❸ I saw many paintings at an art museum.
❹ I climbed one of the highest mountains in the country.
❺ I ate snails, which were very slimy.

A 당신은 그곳에서 무엇을 했습니까?

당신이 그곳에 있었을 때 당신은 무엇을 했습니까?

당신은 어떤 종류의 것들을 보았습니까?

당신이 한 것 중에 가장 좋았던 것은 무엇입니까?

말해주세요. 당신은 그곳에서 무엇을 했습니까?

B 저는 많은 박물관을 갔고, 성을 보았습니다.

저는 모든 다양한 종류의 기이한 음식을 먹어 보았는데, 문어 같은 것들입니다.

저는 미술관에서 많은 그림들을 보았습니다.

저는 그 나라에서 가장 높은 산에 등산을 하였습니다.

저는 달팽이를 먹었는데, 그것은 매우 끈적끈적했습니다.

Common Mistake

I often ask this kind of question to students and get the same answer ("I went sightseeing"). Although this answer is fine, try to give a little more detail. The person asking the question will definitely ask you what you saw when you went sightseeing anyway. The previous examples will help you.

학생들에게 종종 여행에 관한 질문을 하다보면, 대부분 "I went sightseeing(관광했습니다)"과 같은 재미없는 대답을 듣게 될 때가 많습니다. 물론 이렇게 대답하는 것이 틀린 것은 아니지만, 보다 구체적으로 대답할 수 있도록 하는 것이 더 좋습니다. 구체적인 경험들을 이야기 하면 상대방은 훨씬 재미있어 할 것이며 대화의 분위기도 한결 좋아지게 될 것입니다. 앞의 예문들은 그런 표현에 도움이 되리라 생각됩니다.

007

What country would you like to visit?

A ❶Where would you like to travel to in the future?

❷What country would you like to visit?

❸Where do you want to go?

❹Where would you like to go next?

❺Where's the next place you want to go to?

❶❷❸❹❺

B I really want to go to Brazil.

I want to go to Wales because I heard it is very mountainous.

I would like to visit France because I have always wanted to see the Eiffel Tower.

Maybe New York, because I love fashion.

Definitely London. I heard British men are gentlemen.

Any of the above answers can be answered with any of the above questions.
모든 답변이 위 질문에 대한 대답이 될 수 있습니다.

A 당신은 미래에 어느 곳을 여행하고 싶습니까?

당신은 어느 국가를 방문하고 싶습니까?

당신은 어디를 가길 원하십니까?

당신은 다음에 어디를 가고 싶습니까?

당신이 가길 원하는 다음 장소는 어디입니까?

B 저는 브라질에 가길 정말 원합니다.

저는 웨일즈에 가길 원합니다. 왜냐하면 그곳은 대단한 산악지대라고 들었기 때문입니다.

저는 프랑스에 방문하고 싶습니다. 왜냐하면 저는 항상 에펠타워를 보길 원했기 때문입니다.

아마도 뉴욕(일 것입니다). 왜냐하면 전 패션을 사랑하기 때문입니다.

확실히 런던입니다. 저는 영국남자들이 신사라고 들었습니다.

Talking Tip

Try to give a reason why when answering this question. Again, it is likely to be asked after revealing the country you want to go to anyway. Here are some ideas to help you:

위와 같은 질문에 답변을 할 때에도, 가고 싶다고 대답한 지역이 왜 가고 싶은지 이유도 함께 이야기 할 수 있도록 합니다. 어떤 곳에 가고 싶은 이유에 대한 다음의 몇 가지 표현을 참고해 보시길 바랍니다.

It is beautiful.	그곳은 아름답습니다.
It has a great skyline.	그곳은 멋진 스카이라인을 갖고 있습니다.
It's a modern city.	그곳은 현대적인 도시입니다.
It's an interesting place.	그곳은 흥미로운 곳입니다.
It's clean and tidy.	그곳은 깨끗하고 잘 정돈되어 있습니다.
It isn't crowded.	그곳은 붐비지 않습니다.
It has a great history.	그곳은 대단한 역사를 갖고 있습니다.
It has fantastic food.	그곳은 정말 환상적인 음식들이 있습니다.
It is where my family is from.	그곳은 우리 가족의 고향입니다.
My family was brought up there.	우리 가족은 그곳에서 자랐습니다.
It is well known for its museums.	그곳은 박물관으로 유명합니다.

It has many great sights.	그곳은 멋진 볼거리가 많습니다.
It's an excellent place to go sightseeing.	그곳은 관광하기 최고의 장소입니다.
The architecture is wonderful.	건축물들이 대단합니다.
It is home to many movie stars.	그곳은 수많은 스타배우들의 고향입니다.

The expression 'brought up' is another way of saying 'was raised', so instead of saying "I was raised in Canada", you could say "I was brought up in Canada".

'brought up'이라는 표현은 'was raised(자라다)'와 같은 표현입니다. 따라서 'I was raised in Canada'를 'I was brought up in Canada'라고 말할 수도 있습니다.

Common Mistake

Talking about your future plans can cause many grammatical mistakes. The two most common are "I want to go Canada" and "I want go to Canada". The correct sentence is "I want TO GO TO Canada".

미래의 계획에 대해 말할 때 문법적 실수를 하는 경우를 자주 봅니다. 가장 흔하게 하는 실수는 'I want to go Canada'와 'I want go to Canada'입니다. 이 두 문장은 모두 틀린 문장이며, 정확한 문장은 'I want TO GO TO Canada'입니다.

MEMO

Talking about hobbies
취미에 대해 말하기

Hobbies are usually considered things that you do when you have time away from studying and work. Working and studying are things that you have to do, while a hobby is something that you choose to do. You would be surprised by how many people tell me that studying or working is their hobby!

This is a very common question to be asked when meeting someone for the first time. This is because it is a great way of finding out what things you have in common and also because everybody has some kind of hobby and are usually happy to talk about it.

취미는 보통 공부와 일로부터 자유로운 여가시간에 하는 활동을 의미합니다. 일과 공부는 당신이 의무적으로 해야 하는 것인 반면에 취미는 당신 스스로 선택하는 것입니다. 그럼에도 많은 한국 사람들은 취미를 묻는 저의 질문에 자신의 취미가 공부나 일이라고 이야기를 하곤 하는데, 저로서는 상당히 놀라웠던 일이기도 합니다.

취미에 관한 질문은 사람들을 처음 만날 때 가장 흔하게 받는 질문 중 하나입니다. 취미에 대한 대화는 서로간의 공통관심사를 찾을 수 있는 좋은 방법이기도 하고, 또한 대부분의 사람들이 취미를 가지고 있으며 그에 대해 말하기를 좋아하기 때문입니다.

Before I start with the conversation for this topic, here is a list of possible hobbies:

취미에 관한 대화를 공부하기 전에 몇 가지 취미의 리스트를 열거해 보도록 하겠습니다.

요리
Cooking

음악 감상
Listening to music

독서
Reading

Bird watching	조류 관찰
Coin collecting	동전 수집
Cooking	요리
Dancing	댄스
Drawing	그림 그리기 (연필 등을 이용한 스케치 등)
Gardening	정원 가꾸기
Hiking	하이킹
Knitting	뜨개질
Listening to music	음악 감상
Painting	그림 그리기 (물감 등을 이용한 수채화 등)
Photography	사진 찍기
Playing chess	체스하기
Playing soccer/baseball/basketball, etc	축구/야구/농구하기 등등
Playing the piano	피아노 등 악기
Reading	독서
Stamp collecting	우표수집
Surfing the Internet	인터넷 서핑
Travelling	여행
Watching TV	TV 보기

001

What is your hobby?

A
❶What is your hobby?

❷What hobbies do you have?

❸What hobbies do you enjoy doing?

❶❷❸

B
My hobby is playing soccer.

Playing soccer is my hobby.

I like to listen to music. / I collect stamps.

I enjoy playing soccer and reading.

Eating good food is what I enjoy.

A
당신의 취미는 무엇입니까?

당신은 어떤 취미를 가지고 있습니까?

어떤 취미생활을 하는 것을 당신은 즐기십니까?

B
저의 취미는 축구를 하는 것입니다. / 축구하는 것이 저의 취미입니다

저는 음악을 듣는 것을 좋아합니다. / 저는 우표를 수집합니다.

저는 축구와 독서를 즐깁니다. / 좋은 음식을 먹는 것이 제가 즐기는 것입니다.

Any of the above answers can be answered with any of the above questions.
모든 답변이 위 질문에 대한 대답이 될 수 있습니다.

There are usually three ways to answer this type of question:

① I like playing soccer.

② I like to play soccer.

③ I play soccer.

Any of these ways is fine, but try not to get them confused. For example, "I like to playing soccer" as this is wrong.

취미를 묻는 질문에 대답하는 것에는 대개 3가지 방법이 있습니다.

① I like playing soccer.

② I like to play soccer.

③ I play soccer.

위 3가지 중 어느 것이라도 괜찮습니다. 하지만 간혹(특히 회화에서) "I like to playing soccer"라고 이야기 하는 경우를 봅니다. to 뒤에는 동사원형이 와야 하니, 이 문장은 문법적으로 틀린 표현입니다.

Common Mistake

A common mistake is putting 'the' before the hobby. For example, "I like playing the soccer" or "I like to listen to the music". Do not put 'the' before the hobby.

Another common mistake is confusing the words 'play', 'do' or 'go' when talking about hobbies. We use 'play' when talking about sports or activities that in general have a competitive aspect to them, for example, "I play tennis" or "I play poker". We use 'do' when talking about activities perhaps considered more recreational than competitive, such as "I do yoga". We use 'go' with activities that end in 'ing'. For example, "I go swimming" or "I go fishing".

취미 앞에 'the'를 쓰는 경우를 자주 보는데 틀린 표현입니다. 예를 들면 'I like playing the soccer' 또는 'I like to listen to the music' 등인데, 틀린 표현이 되는 것입니다. 취미 앞에 'the'를 쓰지 않도록 합니다.

위 이외 취미를 말할 때 자주하는 실수는 'play', 'do', 또는 'go'를 혼동하는 것입니다. 'play'는 일반적으로 스포츠 등과 같이 경쟁하는 측면이 있는 활동에 주로 사용됩니다. 예를 들면 "I play tennis" 또는 "I play poker" 등입니다. 'do'는 "I do yoga"와 같이, 경쟁이라기보다는 레크리에이션적인 취미활동을 말할 때 사용됩니다. 'go'는 '~ing' 형태로 표현되는 취미활동을 쓸 때 사용됩니다. 예를 들면 "I go swimming" 또는 "I go fishing" 등입니다.

002

What do you do in your free time?

A
❶ What do you do in your free time?
❷ What do you do when you have spare time?
❸ What things do you do when you are free?
❹ What do you like to do when you have time?

B
❶ In my free time I read books.
I go to the gym in my free time.

❷ I watch TV when I have some spare time.
When I have spare time I meet friends.

❸ When I am free I usually travel.
I watch movies when I am free.

❹ I collect stamps when I have time.
I climb mountains when I am free.

A 　당신의 여가시간에 당신은 무엇을 합니까?

　　당신은 여가시간에 무엇을 합니까?

　　자유 시간이 생길 때 당신을 어떤 것을 합니까?

　　시간이 생길 때 당신은 무엇 하는 것을 좋아합니까?

B 　저의 자유 시간에 저는 책을 읽습니다.

　　저는 자유 시간에 체육관에 갑니다.

　　저는 여가시간을 갖게 될 때 TV를 봅니다.

　　제가 여가시간이 생길 때 저는 친구들을 만납니다.

　　제가 자유로울 때 저는 주로 여행을 합니다.

　　제가 자유로울 때 저는 영화를 봅니다.

　　저는 시간이 생기면 우표를 수집합니다.

　　저는 자유로울 때 등산을 합니다.

Talking Tip

Asking somebody 'what their hobby is' or 'what they do in their free time' is practically the same question. This is because when we have free time we usually do a hobby we enjoy.

'취미가 무엇인지' 묻는 것과 '시간이 자유로울 때 무엇을 하는가'를 묻는 것은 같은 의미의 질문이라 할 수 있습니다. 취미란 자유 시간에 즐기는 것이기 때문입니다.

003

What are the main reasons why you enjoy your hobby?

A
❶ Why do you like doing it?

❷ For what reasons do you enjoy your hobby?

❸ What are the main reasons why you enjoy your hobby?

❹ What's so enjoyable about it?

❺ Why?

❶❷❸❹❺

B
I like doing it because it is very enjoyable.

It's because it keeps me fit and healthy.

The main reason is because it is exciting.

It's enjoyable because it's fast and I like to win.

Because it's a great sport.

Any of the above answers can be answered with any of the above questions.
모든 답변이 위 질문에 대한 대답이 될 수 있습니다.

A 그것을 하는 것을 왜 좋아합니까?

어떠한 이유로 당신의 취미를 즐겨 하십니까?

당신의 취미를 즐기는 가장 중요한 이유는 무엇입니까?

그것에 대해 무엇이 가장 즐겁습니까?

왜 그런가요?

B 그것이 매우 즐겁기 때문에 저는 그것을 하는 것을 좋아합니다.

왜냐하면 그것은 나의 몸매와 건강을 유지시켜주기 때문입니다

가장 주된 이유는 그것이 매우 신나기 때문입니다

그것은 재미있는데, 왜냐하면 그것은 빠르고, 저는 승리하는 것을 좋아하기 때문입니다.

왜냐하면 그것은 굉장한 스포츠이기 때문입니다.

Talking Tip

When answering the previous questions, try to use more interesting words. 'Fun' and 'good' are common answers, yet they tell the other person practically nothing. Using more interesting and challenging words will make the conversation much more enjoyable. Here are some to help you:

이러한 질문에 답할 때 좀 더 흥미진진한 단어를 쓰면 좋습니다. 'Fun'과 'good'은 너무 흔한 대답이며, 별다른 정보를 줄 수 없는 어휘들입니다. 좀 더 흥미롭고 도전적인 단어들을 사용하면 대화가 더 재미있어 집니다. 다음은 참고해 볼만한 표현들입니다.

It's fantastic.	환상적입니다.
It's great fun.	엄청나게 재미있습니다.
It keeps me healthy.	나의 건강을 유지시켜 줍니다.
It's dangerous.	위험합니다.
It's an adrenaline rush.	아드레날린이 솟구칩니다.
It's interesting.	재미있습니다.
It's exciting.	흥분됩니다.
It's challenging.	도전 의식을 복돋웁니다.
It's enjoyable.	즐겁습니다.
It's spectacular.	굉장합니다.
It's an active sport.	활동적인 스포츠입니다.

Saying a hobby is 'exciting', 'interesting' or 'challenging' is ok, but a common mistake is to use the 'ed' ending, instead of the 'ing' form. You DO NOT use 'ed' to describe a hobby. The rule is that 'ed' is used to describe someone's feeling("I am bored"), but 'ing' is used to describe a hobby("Football is exciting"). Remember this rule.

취미를 이야기 할 때 'exciting', 'interesting', 'challenging'과 'ing' 형태를 사용합니다. 그런데 이때 자주하는 실수는 'ing'가 아닌 'ed' 형태의 단어를 사용하는 것입니다. 취미를 주어로 이야기를 할 때에는 절대 'ed' 형태를 사용해서는 안 됩니다. 'ed' 형태는 사물이 아닌 사람의 정서를 묘사할 때 사용되는 형태입니다. 예를 들어 "I am bored" 같은 표현을 할 때 사용합니다. 이에 반해 취미를 묘사할 때에는 "Football is exciting"과 같이 'ing' 형태를 사용합니다. 이 규칙을 꼭 기억해야 합니다.

How often do you do your hobby?

A
❶How often do you do it?
❷How often do you do your hobby?
❸When do you have time for your hobby?
❹When do you play soccer?
❺On what days do you read a book?

B
❶I do it every Wednesday.
❷The time varies.
❸It depends on when I am free.
❹I usually play soccer on the weekends.
❺I try to read on Mondays and Thursdays.
  From time to time.

A | 얼마나 자주 그것을 합니까?

얼마나 자주 당신의 취미생활을 합니까?

당신의 취미를 위해 언제 시간을 갖습니까?

언제 축구를 합니까?

무슨 요일들에 책을 읽습니까?

B | 저는 그것을 매주 수요일에 합니다.

그때그때 다릅니다.

제가 언제 자유로운지에 따라 다릅니다.

저는 주말마다 보통 축구를 합니다.

나는 월요일과 목요일마다 독서를 하려고 노력합니다.

때때로 합니다.

Talking Tip

'From time to time' is an expression that is the same as saying 'sometimes'.

It is not common for someone to ask you "when do you do your hobby?" However, if the person shares the same interest, he/she might ask you more about it. It usually means that they want to compare the days with when they do their hobbies, or they might want to join you next time.

'From time to time'은 'sometimes'와 같은 '때때로'라는 표현입니다.
'언제 취미 생활을 하십니까?'라는 질문은 흔히 받는 질문은 아닙니다. 그러나 만약 어떤 사람이 당신과 같은 취미를 하고 있다면 당신에게 좀 더 자세하게 물어볼 수도 있습니다. 흔히 자신의 취미생활과 비교해 보기 위해서이기도 하고, 또는 당신과 함께 취미생활을 해 보기 위함일 수도 있습니다.

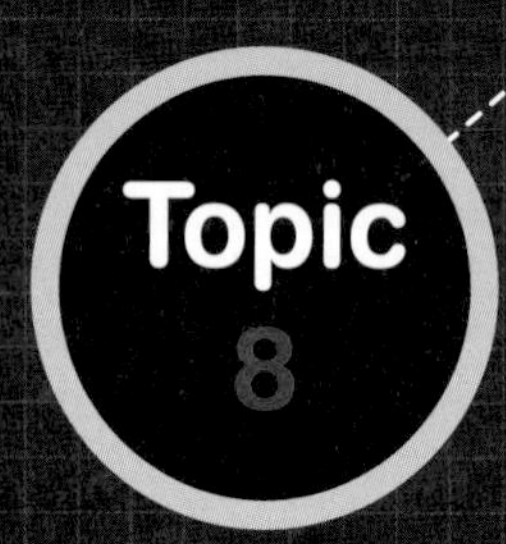

Talking about jobs

직업에 대해 말하기

When you meet someone for the first time, a common topic to talk about is what job you do. It is a great icebreaker and there is a lot to talk about, even if your jobs are completely different. Showing an interest in what somebody does has a very positive effect on how the conversation will develop.

처음 사람을 만났을 때 나누는 일반적인 대화주제 중 하나는 직업에 관한 대화입니다. 대화 상대방과 자신의 직업이 서로 다르더라도 직업에 대한 대화는 초면의 어색함을 줄이고, 많은 이야기를 나눌 수 있는 아주 좋은 소재입니다. 이때 상대방의 직업에 대해서 관심을 보여주는 것은 대화를 발전시켜 나가는 데 있어서 긍정적인 효과가 있습니다.

Teacher

선생님

Athlete

운동선수

Baker

제빵사

Barber

이발사

Carpenter

목수

Chef

요리사

Dentist

치과의사

Doctor

의사

Engineer

엔지니어

Fire fighter

소방대원

Musician

음악가

Nurse

간호사

Before we start, here is a list of some of the most common jobs:

직업에 관한 대화를 알아보기 전에 몇 가지 주요 직업의 영어표현에 관해서 알아보도록 하겠습니다.

Accountant	회계사	Lawyer	변호사
Actor	(남자) 연기자	Mechanic	정비공 (특히 차량)
Actress	(여자) 연기자	Musician	음악인
Athlete	운동선수	Nurse	간호사
Baker	제빵사	Pharmacist	약사
Banker	은행원	Pilot	파일럿 (조종사)
Barber	이발사	Policeman	경찰
Beautician	미용사	Politician	정치인
Broker	중개인	Professor	교수
Butcher	정육점 주인	Pastor	목사
Carpenter	목수	Sailor	선원
Chauffeur	(개인) 운전기사	Salesman	세일즈맨 (외판원)
Chef	요리사	Soldier	군인
Clerk	점원/사원	Tailor	재단사
Dentist	치과의사	Teacher	선생님
Doctor	의사	Veterinarian	수의사
Engineer	엔지니어	Waiter/Waitress	(남/여) 종업원
Judge	판사/심판		

What do you do for a living?

A
❶ What do you do?
❷ What job do you have?
❸ Where do you work?
❹ What are you doing for work these days?
❺ What do you do for a living?
❻ What is your occupation?

B
❶ I'm an accountant.
❷ I work as an engineer.
❸ I work at McDonalds.
❹ I work for a law firm.
❺ I am the manager of a shop.
❻ I'm a writer.

A 당신은 무엇을 합니까?

당신은 어떤 직업을 갖고 있습니까?

당신은 어디에서 일합니까?

당신은 요즘 무슨 일을 하십니까?

당신은 생계(생활)를 위해서 무슨 일을 합니까?

당신의 직업은 무엇입니까?

B 저는 회계사입니다.

저는 엔지니어로 일합니다.

저는 맥도날드에서 일합니다.

저는 법률사무소를 위해 일합니다.

저는 가게의 매니저입니다.

저는 작가입니다.

Try to say where you work after what you do because it is commonly asked next:

자신의 직업을 대답하면 그 뒤에는 어떤 회사에서 근무하는지 물어보는 경우가 많으니, 회사를 밝히기 꺼리는 경우를 제외하고는 아래와 같이 회사와 함께 대답하면 좋습니다.

B ❶ I am an accountant at Samsung.

❷ I am a receptionist at SK Telecom.

B 저는 삼성에서 회계사를 하고 있습니다.

저는 SK 텔레콤의 접수담당 일을 하고 있습니다.

Common Mistake

After answering this question, a common question that follows, is whether you enjoy your work. So, be prepared to answer this and why you do or do not enjoy it. The next page shos how to do this.

직업에 관한 질문에 대답을 하고 난 이후에는 상대방이 흔히 당신이 당신의 직업을 즐기고 있는지에 관해 물어 옵니다. 따라서 당신이 직업을 즐기고 있는지 아닌지에 대해서, 그리고 각각의 경우 그 이유에 대해서 준비해 보도록 합니다. 다음 페이지에서 살펴보겠습니다.

Do you enjoy doing what you do?

A ❶ Do you enjoy doing what you do?

❷ What's it like?

❸ Do you enjoy that line of work?

❹ How do you find it?

B ❶ I love it. It's what I have always wanted to do.

❷ It's great. I love the fact that I can help people.

It's a great job. My whole family does this kind of work.

❸ Yes. It can be stressful, but rewarding.

No, I do not enjoy doing what I do.

❹ I don't really like my job.

I hate my job.

A 당신은 당신의 일을 하는 것을 즐기십니까?

그 일은 어떻습니까?

당신은 그 직업을 즐기십니까?

당신은 그 일을 어떻게 생각하십니까(find)?

B 저는 제 일을 사랑합니다. 그것은 제가 항상 하기 원했던 일입니다.

아주 좋습니다. 제가 사람들을 도와 줄 수 있다는 사실에 너무 만족합니다.

그것은 굉장한 직업입니다. 저의 모든 가족이 이 분야에서 일합니다.

네. 그 일은 스트레스가 있지만 보수가 괜찮습니다(보람이 있습니다).

아뇨, 저는 제가 하는 일이 즐겁지 않습니다.

저는 제 직업을 정말 좋아하지 않습니다.

저는 제 직업을 싫어합니다.

Talking Tip

While it is perfectly ok to say you do not like your job, try not to be too negative as this may make the other person feel uncomfortable and cause the conversation to become awkward.

자신의 직업을 실제로 좋아하지 않을 수도 있으니, 자신의 직업이 싫다고 말할 수도 있습니다. 하지만 직업이 정말 싫다 하더라도 너무 극단적으로 말하는 것은 피하는 것이 좋습니다. 극단적 표현은 상대방을 불편하게 만들거나 대화 분위기를 매우 어색하게 만들 수 있기 때문입니다.

For what reasons do you hate it?

A
❶ Why do you dislike it?

❷ For what reasons do you hate it?

❸ What is bad about it?

❹ What makes you not like it?

❶❷❸❹

B
I find it so boring. / It's exhausting.

It can be really stressful.

I always have too much work to do.

My boss is so infuriating. / I hate my boss.

I never have any free time. / It's too tiring.

My parents forced me to do it.

It is not what I wanted to do.

I don't like my co-workers.

I never have any time to myself.

I have to work on weekends.

Any of the above answers can be answered with any of the above questions.
모든 답변이 위 질문에 대한 대답이 될 수 있습니다.

A 왜 당신은 그것을 싫어합니까?

어떤 이유로 당신은 그것을 싫어합니까?

그것에 관한 나쁜 점은 무엇입니까(어떤 점이 맘에 들지 않습니까)?

무엇이 당신이 그것을 싫어하게 만듭니까?

B 저는 그것이 매우 지겹다는 것을 알게 되었습니다. / 그것은 지치게 합니다.

그것은 정말로 스트레스가 많습니다.

저는 항상 해야 할 일이 너무 많습니다.

저의 상관은 정말 짜증나게 합니다. / 저는 저의 상관이 싫습니다.

저는 어떤 자유시간도 절대 가질 수가 없습니다. / 그것은 너무 피곤합니다.

저의 부모님이 그것을 하도록 강압했습니다.

그것은 제가 하길 원했던 일이 아닙니다.

저는 제 동료들을 좋아하지 않습니다.

저는 저만의 어떤 시간도 절대 가질 수가 없습니다.

저는 주말에도 일을 해야 합니다.

Talking Tip

The word 'hate' is a very strong word to use when talking about someone. The word 'dislike' is a better word to use as it is not so strong. Try not to use the word 'hate' unless you really mean it.

'Hate'는 '싫어한다'는 의미가 정말 강한 단어입니다. 일반적으로는 그보다 약한 'dislike'를 사용하는 것이 좋습니다. 당신이 싫어한다는 느낌을 정말로 강력하게 표현하고 싶을 때를 제외하고는 'hate'의 사용은 자제하는 편이 좋습니다.

I am currently out of work.

B
❶ I am currently out of work.
❷ I am unemployed.
❸ I am between jobs.
❹ I am interviewing at the moment.
❺ I am looking for work.
❻ No, I am a student.
❼ I am studying at the moment.

B
저는 현재 일을 하고 있지 않습니다.
저는 무직상태입니다.
저는 일을 쉬고 있습니다.
저는 요즘 면접을 보고 있는 중입니다.
저는 새로운 일을 구하고 있는 중입니다.
아뇨, 저는 학생입니다.
저는 지금 학업 중입니다.

If you are not currently working, previous phrases can be used. Saying you are 'in between jobs' means that you are currently unemployed. It means you are between having your last job (which has ended) and starting your new job(which hasn't started yet).

당신이 현재 일을 하고 있지 않다면, 앞 표현들을 사용할 수 있습니다.
'In between jobs'라고 말하는 것은 현재 무직이라는 것을 뜻합니다. 정확히 말하면 당신이 그만둔 과거 직업과 언젠가 새롭게 시작할 직업 사이에 위치해 있다는 것입니다.

currently

I am taking time off to study.

B ❶ I am still in school.

❷ I am a university student.

❸ I am taking time off to study.

B 저는 아직 학교에 재학 중입니다.

저는 대학생입니다.

저는 학업을 위해 휴직 중입니다.

Talking Tip If you are still in school or taking time off to study, you can use these phrases.

당신이 재학 중이거나 학업을 위해 휴직 중이라면 이 표현들을 사용할 수 있습니다.

006

What are you going to study?

A ❶ Where are you studying?

❷ What do you study?

❸ What are you going to study?

B ❶ I study Business at Seoul National University.

❷ I am studying Math at Cambridge University.

❸ I will study English literature.

A 당신은 어디에서 학업 중입니까?

당신은 무엇을 공부합니까?

당신은 무엇을 공부할 예정입니까?

B 저는 서울대학교에서 경영학을 공부(전공)합니다.

저는 캠브리지 대학교에서 수학을 공부(전공)하고 있습니다.

저는 영문학을 공부할 것입니다.

Like talking about jobs, talking about being a student can be a fantastic icebreaker, and can lead you into a good discussion. Also you should know that the American English is Math, while in British English it is Maths.

작업에 대해 말하는 것과 마찬가지로 학업에 관해 말하는 것 또한 대화를 해 나가면서 서로 친해질 수 있는 좋은 주제입니다. 수학은 미국에서는 'Math', 영국에서는 'Maths'라고 씁니다.

Common Mistake

If you start the sentence with "I am…" you have to use the 'ing' form to finish the sentence "…studying English". Furthermore, if you start the sentence with "I…", you have to use a verb "…study English". It is very common for people to mix these two sentences up when speaking ("I studying…" or "I am study…"). Try to remember this rule so you do not make the same mistake.

"I am …"으로 말을 시작하면 "… studying English"처럼 be 동사와 ~ing가 연결됩니다. "I …" 로 말을 시작하면 "… study English"처럼 주어 뒤에 일반동사로 연결이 됩니다. 매우 쉬운 문법이 지만, 말을 할 때에는 "I studying …" 또는 "I am study …" 같은 실수를 하는 것을 자주 봅니다. 위 원칙을 잘 기억하여 잦은 실수를 반복하지 않도록 합니다.

007

What do you think of it?

A
❶ Do you enjoy the subject?
❷ Do you like studying it?
❸ What do you think of it?
❹ How do you find it?
❺ What's it like?
❻ Is it enjoyable?

B
❶ Yes, it is really interesting. / Yes, I do. My teachers are really helpful. / No, I hate what I study.
❷ Of course I do. It is fantastic.
It can be hard, but fascinating.
❸ It's great. I am learning a lot.
❹ It's really enjoyable.
❺ I am always learning something new.
❻ Yes, it is. / I don't like it at all. / Not at all.

A 당신은 그 과목을 즐깁니까?

당신은 그것을 공부하는 것을 좋아합니까?

당신은 그것을 어떻게 생각합니까?

당신은 그것을 어떻게 생각합니까?

그것은 어떻습니까?

그것은 즐겁습니까?

B 네, 그것은 정말 재미있습니다. / 네, 그렇습니다. 저의 선생님들이 정말 도움이 됩니다. / 아니요, 저는 제가 공부하는 것(전공, 과목)이 싫습니다.

당연히 그렇습니다. 그것은 환상적입니다.

그것은 어려울 수 있습니다, 그러나 대단히 흥미롭습니다.

그것은 대단합니다. 저는 많은 것을 배우고 있습니다.

그것은 정말 즐길 만합니다.

저는 항상 새로운 것을 배우고 있습니다.

예, 그렇습니다. / 저는 그것을 전혀 좋아하지 않습니다. / 전혀요.

Talking Tip

Again, like talking negatively about your job, talking negatively about what you study could create an awkward situation. It can be quite surprising to a Western person to hear that you do not like what you study because Westerners usually choose to study subjects they enjoy. See the next page.

직업에 대해 부정적으로 말하는 것과 마찬가지로, 당신의 전공에 대해 부정적으로 말하는 것은 어색한 상황을 만들 수 있습니다. 서양인들은 흔히 자신들이 즐거워하고 좋아하는 전공을 선택하기 때문에, 당신이 당신의 전공을 좋아하지 않는다는 이야기가 매우 의아하게 들릴 수 있습니다. 다음 페이지에서 부정적인 표현을 공부해 보겠습니다.

What makes you not like it?

A ❶ Why do you dislike it?

❷ For what reasons do you hate it?

❸ What is bad about it?

❹ What makes you not like it?

❶❷❸❹

B It's too hard.

I find it too difficult.

Because my parents want me to study it, but I want to study Medicine.

It is not interesting at all.

It is not my cup of tea.

The lectures are too long.

I really dislike my teacher.

Any of the above answers can be answered with any of the above questions.
모든 답변이 위 질문에 대한 대답이 될 수 있습니다.

A 왜 당신은 그것을 싫어합니까?

어떤 이유로 당신은 그것을 싫어합니까?

그것에 관한 나쁜 점은 무엇입니까(어떤 점이 맘에 들지 않습니까)?

무엇이 당신이 그것을 싫어하게 만듭니까?

B 그것은 너무 어렵습니다.

저는 그것이 너무 어렵다는 것을 알게 되었습니다.

왜냐하면 저의 부모님이 제가 그것을 공부하는 것을 원하셨기 때문입니다. 그러나 저는 의학을 공부하길 원합니다.

그것은 전혀 흥미롭지 않습니다.

그것은 제 취향이 아닙니다.

강의가 너무 깁니다.

저는 저의 선생님(교수님)이 정말 싫습니다.

Talking Tip

Saying something is not your 'cup of tea', is a really useful expression. It means that something is not to your taste or style, and you can use it with anything("I don't like playing soccer. It is not my cup of tea").

'cup of tea'는 매우 유용한 표현입니다. 어떤 것이 당신의 기호나 스타일에 맞지 않는다는 것을 뜻하는 것으로 어느 것에서나 사용이 가능합니다. (저는 축구를 좋아하지 않습니다. 그것은 제 취향이 아닙니다.)

MEMO

Topic 9

Talking about food
음식에 대해 말하기

Food and drink is another common small talk topic, especially if you are in a restaurant, or planning to eat with a friend. In this topic you will fine some useful questions and answers if the subject ever comes up in conversation.

음식과 음료에 대한 대화는 매우 자주 나누게 되는 일상적 대화소재입니다. 특히 레스토랑에 있을 때나, 또는 친구와 함께 식사를 할 계획이라면 더욱 그렇습니다. 이번 토픽에서 유용한 표현을 배울 것입니다. 대화 중 음식과 음료에 대한 화제가 나오면 답변해 보시길 바랍니다.

What kind of food do you usually eat?

A ❶ What kind of food do you usually eat?

❷ What food do you like?

❸ What kinds of food do you enjoy eating?

❹ What is your favorite food?

❺ What kind of food do you like?

❶❷❸❹❺

B I usually eat salad and vegetables because I am trying to be healthy.

I love spicy food. I find it really delicious.

I enjoy eating hamburgers and fries. They are unhealthy, but taste good.

My favorite food is Italian. I find it to be really filling and tasty.

Pizza because it is scrumptious.

I love spicy food, so I eat Indian food.

Any of the above answers can be answered with any of the above questions.
모든 답변이 위 질문에 대한 대답이 될 수 있습니다.

A 당신은 평상시 어떤 종류의 음식을 먹습니까?

당신은 어떤 음식을 좋아합니까?

당신은 어떤 종류의 음식 먹는 것을 즐깁니까?

무엇이 당신의 가장 좋아하는 음식입니까?

당신은 어떤 종류의 음식을 좋아합니까?

B 저는 샐러드와 야채를 주로 먹습니다. 왜냐하면 저는 건강하려고 노력하기 때문입니다.

저는 매운 음식을 좋아합니다. 저는 그것이 정말 맛있다는 것을 알게 되었습니다.

저는 햄버거와 감자튀김 먹는 것을 즐깁니다. 그것들은 건강에는 안 좋지만 맛은 좋습니다.

저의 가장 좋아하는 음식은 이태리 요리입니다. 저는 그것이 정말 포만감을 주고 맛있다는

것을 알게 되었습니다.

피자입니다. 왜냐하면 그것은 정말 맛있기 때문입니다.

저는 매운 음식을 좋아합니다. 그래서 저는 인도음식을 먹습니다.

Talking Tip

'Fries' is an American English word. In British English the term is 'chips'.

'Fries'는 미국식 표현이며, 영국에서는 'chips'라고 표현합니다.

Please remember the difference between countable and uncountable nouns when talking about food. If you want to talk about an amount of food that is uncountable, there are different ways to do so. Here is a list to help you:

음식이나 식재료에 대해 이야기 할 때 셀 수 있는 명사와 셀 수 없는 명사의 차이점을 꼭 기억해야 합니다. 셀 수 없는 음식의 양에 대해 이야기 할 때는 다음과 같은 표현방식을 사용합니다.

Asparagus = A bunch of asparagus	아스파라거스 = 아스파라거스 한 묶음
Beef = A slice of beef	소고기 = 소고기 한 조각
Bread = A slice of bread	빵 = 빵 한 조각
Broccoli = A piece of broccoli	브로콜리 = 브로콜리 한 조각
Butter= A pat or slab of butter	버터 = 버터 한 덩어리
Corn = An ear of corn	옥수수 = 옥수수 한 알
Fruit = A piece of fruit	과일 = 과일 한 조각
Garlic = A bulb of garlic	마늘 = 한 개의 통마늘
Honey = A pot of honey	꿀 = 꿀 한 항아리
Jam = A jar or portion of jam	잼 = 잼 한 단지 또는 1회분
Lamb = A leg of lamb	양고기 = 양의 한 다리
Pepper = A pot or sprinkle of pepper	후추 = 후추 한 단지 또는 1회분(뿌리기)
Pork = A joint of pork	돼지고기 = 돼지고기 한 덩어리
Rice = A portion of rice	쌀 = 쌀 일인분
Salt = A pinch of salt	소금 = 소금 한 자밤 (엄지와 검지사이로 집을 만한 분량)
Spaghetti = A serving of spaghetti	스파게티 = 스파게티 일인분
Sugar = A cube or teaspoon of sugar	설탕 = 각설탕 한 조각 또는 설탕 한 스푼

Which country's food do you like the most?

A
❶ What kinds of restaurants do you like to eat in?
❷ What is your favourite type of restaurant?
❸ What is the best restaurant?
❹ Which country's food do you like the most?

B
❶ I like to eat in Indian restaurants because the food is full of flavor.

❷ My favorite type of restaurant is German, as I love sausage.

❸ McDonalds is the best. It's cheap and tasty.

❹ I love French food. They cook food so well.
I like Greek food because the food tastes so fresh.

A   당신은 어떤 종류의 식당에서 식사하기를 좋아하십니까?

당신이 가장 좋아하는 타입의 식당은 무엇입니까?

무엇이 최고의 식당입니까? (가장 좋아하는 식당은 무엇입니까?)

당신이 가장 좋아하는 음식은 어느 나라 음식입니까?

B   저는 인도식당을 좋아합니다. 왜냐하면 (인도)음식이 향신료로 가득하기 때문입니다.

제가 가장 좋아하는 타입의 식당은 독일식입니다. 제가 소시지를 좋아하기 때문입니다.

맥도날드가 최고입니다. 그곳은 싸고 맛있습니다.

저는 프랑스 음식을 좋아합니다. 그들은 요리를 잘합니다.

저는 그리스 음식을 좋아합니다. 왜냐하면 음식이 신선하기 때문입니다.

Talking Tip

When answering one of these questions, again try to give a reason as to why. Also, try to use adjectives that are not too common. This will show that you have a good vocabulary and make the conversation more colorful. Here are some examples:

위의 질문들에 대해 답변을 할 때 이유를 함께 말하면 좋습니다. 또한 너무 틀에 박힌 어휘 이외에도 다양한 어휘를 구사해 보도록 노력해 보세요. 아래와 같은 어휘를 사용한다면 당신의 어휘력 수준이 높아 보이며 동시에 대화도 더 다채롭게 만들 수 있습니다. 다음과 같은 어휘들을 참고해 볼 수 있습니다.

Crispy	바삭바삭한
Delectable	아주 맛있는
Delicious	아주 맛있는
Fantastic	환상적인
Juicy	즙이 많은
Mouthwatering	군침이 도는
Succulent	즙이 많은
Tasty	맛있는

003

What foods do you not like eating?

A
❶ What foods do you not like eating?
❷ What is your least favorite type of food?
❸ What foods do you hate?
❹ Are there any foods that you dislike?
❺ Are there any foods you find disgusting?

B
❶ I dislike eating fish. I find it really smelly and strong.
❷ My least favorite type of food is rice because it is very bland.
❸ I hate cabbage. It makes me feel sick.
❹ I don't like to eat mushrooms.
  No, I like all kinds of food.
❺ There is no food I dislike. I like them all.

A 당신이 먹고 싶지 않은 음식은 어떤 음식들입니까?

당신이 싫어하는 타입의 음식이 무엇입니까?

당신은 어떤 음식들을 싫어합니까?

당신이 싫어하는 음식들이 있습니까?

당신이 혐오스럽다고 생각하는 음식들이 있습니까?

B 저는 생선 먹는 것을 싫어합니다. 저는 그것이 정말 냄새나고 향이 강하다고 생각합니다.

제가 가장 싫어하는 타입의 음식은 쌀밥입니다. 왜냐하면 그것은 특별한 맛이 없기 때문입니다.

저는 양배추를 싫어합니다. 그것이 저를 메스껍게 합니다.

저는 버섯 먹는 것을 좋아하지 않습니다.

아니요, 전 모든 종류의 음식을 좋아합니다.

제가 싫어하는 음식은 없습니다. 저는 음식을 모두 좋아합니다.

Again, try not to use common, boring adjectives, such as 'yucky' or 'bad'. Use more sophisticated and interesting words. Here are some examples:

어떤 음식을 싫어한다고 할 때 'yucky(역겨운)' 또는 'bad'처럼 흔한 단어만 사용하지 말고, 더 세련되고 재미있는 단어를 사용해 보세요. 몇 가지 참고해 볼 어휘는 다음과 같습니다.

Bitter	맛이 쓴
Bland	특정한 맛이 없는, 아무 맛이 없는
Crispy	바삭바삭한
Greasy	기름기 많은
Mushy	곤죽이 된
Rancid	상한
Ripe	(치즈, 과일이) 익은, (냄새가) 고약한
Salty	짠
Spicy	매운
Sweet	달콤한
Watery	물기가 많은

004

What time is your lunch break?

A
❶ What times do you usually eat?
❷ When do you tend to eat lunch?
❸ What time is your lunch break?
❹ What time do you eat dinner?
❺ Do you eat breakfast?

B
❶ I usually eat breakfast at around 8 a.m., lunch at 1 p.m. and dinner at 7 p.m.
❷ I often have lunch at 12 p.m.
❸ The time varies.
I always skip lunch.
❹ It depends on how busy I am, but usually at 6 p.m.
I eat dinner at 6:30 p.m.
❺ I always eat breakfast. It is the most important meal.

A 당신은 보통 몇 시에 먹습니까?

당신은 점심을 언제 먹는 경향이 있습니까?

당신은 점심시간은 몇 시입니까?

당신은 저녁을 몇 시에 먹습니까?

당신은 아침식사를 합니까?

B 저는 보통 오전 8시쯤에 아침을, 오후 1시에 점심을, 그리고 7시에 저녁식사를 합니다.

저는 종종 점심을 12시에 먹습니다.

시간은 매번 다릅니다.

저는 항상 점심을 거릅니다.

제가 얼마나 바쁜가에 따라 다릅니다. 하지만 보통 6시에 먹습니다.

저는 6시 30분에 저녁을 먹습니다.

저는 항상 아침을 먹습니다. 그것은 가장 중요한 식사입니다.

Talking Tip

Remember, as explained in topic 3, always means 100%, usually (about 80%), often (about 60%), sometimes (about 30~40%), occasionally (about 20%), rarely (about 10%) and never (0%). The expression 'the time varies' means that there is no fixed schedule. The time you eat can change.

Topic 3에서 설명 드렸듯이 빈도에 관해서는 always는 100%, usually는 약 80%, often은 약 60%, sometimes는 약 30~40%, occasionally는 약 20%, rarely는 10% 그리고 never는 0%를 뜻한다는 것을 기억해 주세요.

'The time varies' 표현은 '정해진 시간은 없다'는 뜻입니다. 식사 시간이 항상 변경될 수 있다는 의미입니다.

005

Are you on a diet?

A
❶ What foods do you think are the most/least healthy?

❷ Are you on a diet?

❸ Have you ever been on a diet?

❹ What foods do you try to avoid?

❺ What food is your 'Achilles heel'?

B
❶ I think fruit and vegetables are healthy and candy is unhealthy.

❷ Yes, I am. / No, I am not.

No, I am not, but I should be.

❸ I used to be on a diet. / No, never.

❹ I try to avoid salty foods because I have high blood pressure. / I avoid sugary foods.

❺ Chocolate is definitely my Achilles heel. I can't stop eating it.

A 당신이 생각하는 가장 건강에 좋은 음식과 안 좋은 음식은 무엇입니까?

당신은 다이어트 중입니까?

당신은 다이어트 해본 적이 있습니까?

당신이 피하고자 하는 음식들은 어떤 것입니까?

어떤 음식이 당신의 '아킬레스건'인가요?

B 저는 과일과 야채가 건강에 좋고, 사탕이 건강에 좋지 않다고 생각합니다.

네, 그렇습니다. / 아니요, 그렇지 않습니다. / 아니요, 그렇지 않습니다. 그러나 곧 할 것입니다.

저는 소금기 있는 음식은 피하려고 노력합니다. 왜냐하면 저는 고혈압이 있기 때문입니다. / 저는 당분이 있는 음식은 피합니다.

초콜릿은 확실히 저의 아킬레스건입니다. 저는 그것을 먹는 것을 멈출 수 없습니다.

Talking Tip

The expression 'Achilles heel' is a great way to describe something as your weakness. You can use it to describe any bad habit or weak point. Here are some examples:

'Achilles heel'은 당신의 약점을 설명하는 데 있어 대단히 유용한 표현방법입니다. 당신의 나쁜 습관이나 단점에 대해 설명할 때 사용할 수 있는데 다음의 문장들을 참고해 보세요.

B ❶I am a healthy person, but smoking is my Achilles heel.

❷I love English, but grammar is my Achilles heel.

❸My Achilles heel is spending money.

B 저는 건강한 사람입니다. 그러나 흡연은 저의 아킬레스건입니다(끊을 수 없습니다).

저는 영어를 사랑합니다. 하지만 문법은 저의 아킬레스건입니다(실력이 형편없습니다).

저의 아킬레스건은 돈을 쓴다는 것입니다(과소비를 합니다).

Common Mistake

Asking someone if they are/ have been on a diet is not a common question, especially if you have only just met them. I have been asked this question by someone I just met and it can sound a little rude. To a western person this question could mean that you think they should be on a diet, which is the same as you saying they are overweight, so be careful when asking this question.

다이어트를 하고 있는지 또는 이전에 했는지에 대해 물어보는 것은 일반적이지 않은 질문입니다. 특히 만난 지 얼마 안 되는 사람에게는 더욱 그렇습니다. 일전에 개인적으로 알게 된지 얼마 되지 않은 사람으로부터 그와 같은 질문을 받은 적이 있는데, 약간 무례하다고 느껴졌습니다. 서양인에게 이런 질문은 '당신은 과체중이니 다이어트가 필요한 사람입니다'라는 의미로 받아들여집니다. 그렇기 때문에 이런 질문은 매우 주의해야 합니다.

Do you enjoy cooking?

A
① Can you cook?

② Do you cook?

③ Are you a good cook?

④ Do you enjoy cooking?

⑤ What foods do you usually cook at home?

⑥ Can you cook well?

⑦ Who does the cooking in your house?

B
① Yes, I can. / No, I can't.

② Yes, I do. / No, I don't.

③ Yes, I am a good cook. / No, I am a terrible cook.
   I consider myself to be a decent cook.

④ I love to cook. It is my hobby.

⑤ I try to cook all different kinds of food.

B ❻ No, but I am taking cooking classes.

Yes, I can cook well.

❼ My mom usually does the cooking in my house.

My wife cooks. She cooks really well.

A 당신은 요리를 할 수 있습니까?

당신은 요리를 합니까?

당신은 좋은 요리사 입니까(요리를 잘합니까)?

당신은 요리하는 것을 즐깁니까?

당신은 흔히 집에서 어떤 음식들을 요리합니까?

당신은 요리를 잘 합니까?

당신의 집에서 누가 요리를 합니까?

B 네, 할 수 있습니다. / 아니요, 못합니다.

네, 합니다. / 아니요, 안 합니다.

네, 저는 좋은 요리사입니다(요리 잘합니다). / 아니요, 저는 형편없는 요리사입니다(요리 잘 못 합니다).

저는 제 자신을 괜찮은 요리사라고 생각합니다.

저는 요리하는 걸 사랑합니다. 그것은 저의 취미입니다.

저는 다양한 종류의 음식을 요리하려고 시도합니다.

아니요, 하지만 저는 요리수업을 수강하고 있습니다.

네, 저는 요리를 잘합니다.

저희 집에서는 보통 어머니가 요리를 합니다.

제 아내가 요리를 합니다. 그녀는 요리를 잘합니다.

Talking Tip

When answering this question, try to be as honest as you can. You will never know when you might have to cook for the person you are speaking to!

요리에 대한 대화를 나눌 때에는 가능한 정직해야 합니다. 왜냐하면 당신이 요리에 대해서 대화했던 사람을 위해서 언젠가는 진짜 요리를 하게 될지도 모르기 때문입니다.

What is the most famous dish in your country?

A ❶What foods come from your country?

❷What is a typical dish from where you are from?

❸What is the most famous dish in your country?

❶❷❸

B Kimchi is a typical dish where I am from.

Meat is popular in my country.

In my country, we tend to eat fish and chips.

In my country, lamb is very famous.

A 어떤 음식이 당신의 나라로부터 유래되었습니까? (당신 나라의 전통 음식은 무엇입니까?)

당신 나라로부터 (생긴) 대표적인 음식은 무엇인가요?

당신의 나라에서 가장 인기가 많은 음식은 무엇인가요?

B 김치는 우리나라에서 가장 대표적인 음식입니다.

고기가 우리나라에서 인기 있습니다.

우리나라에서는 사람들이 튀긴 생선과 감자튀김을 잘 먹습니다.

우리나라에서는 양고기가 아주 유명합니다.

Any of the above answers can be answered with any of the above questions.
모든 답변이 위 질문에 대한 대답이 될 수 있습니다.

Although this is not a very common mistake, it has happened a few times in classes I have taught. A 'county' and 'country' are two different words, and must not be confused. A 'county' is a smaller division of state, usually larger than a city, where as a 'country' is of course the entire nation.

흔한 실수는 아니지만 제가 가르쳤던 수업에서 간혹 'county'와 'country'의 지역개념을 혼동하는 경우를 봅니다. 그러나 두 단어는 다른 뜻을 각각 갖고 있으며, 혼동해서는 안 됩니다. 'county'는 주(state) 안의 행정구역으로 도시보다는 큰 지역개념입니다. 반면 'country'는 많은 사람들이 알고 있듯 국가를 뜻합니다.

Talking about movies
영화에 대해 말하기

Another popular subject to talk about is movies. You can talk to someone for hours about movies, as there are a lot of different things to talk about; the movie, actors, genre, and so on. This unit will show you how to do this, while also informing you of common mistakes made when talking about this subject.

영화는 많은 사람들이 좋아하고 즐기는 대상으로서 매우 일반적으로 나누는 대화주제입니다. 영화에 관해서는 오랜 시간 끝없는 대화를 나눌 수도 있는데, 개별 영화작품, 배우들, 좋아하는 장르 등 매우 다양한 세부주제가 있기 때문입니다. 이번 토픽은 영화에 관해 어떻게 영어로 대화를 나누는지를 보여드릴 것이며 또한 영화 얘기를 나눌 때 자주 하는 실수에 대한 정보도 제공해 드릴 것입니다.

What's your favorite movie?

A ❶What's your favorite movie?

❷What movie do you like best?

❸What is the best movie ever made?

❹What's the best movie you have ever seen?

❺What's your all time favorite movie?

❶❷❸❹❺

B My favorite movie is Pretty Woman.

I think the best movie in the world is D-War.

The greatest movie is Pretty Woman.

D-War is easily the best movie ever made.

That's easy; it has to be D-War.

The best movie I have ever seen is Pretty Woman.

Pretty Woman is my all time favorite movie.

Any of the above answers can be answered with any of the above questions.
모든 답변이 위 질문에 대한 대답이 될 수 있습니다.

A 무엇이 당신이 가장 좋아하는 영화입니까?

어떤 영화를 당신은 가장 좋아합니까?

이제까지 가장 잘 만들어진 영화가 무엇이라고 생각합니까?

당신이 이제껏 본 영화 중에 최고의 영화는 무엇입니까?

당신이 가장 좋아하는 역대 최고의 영화는 무엇입니까?

B 제기 가장 좋아하는 영화는 '귀여운 여인'입니다.

저는 세계에서 최고의 영화는 '디워'라고 생각합니다.

최고의 영화는 '귀여운 여인'입니다.

'디워'는 분명히 이제까지 만들어진 최고의 영화입니다.

그것은 쉽습니다. 그건 '디워'입니다.

제가 이제껏 본 최고의 영화는 '귀여운 여인'입니다.

'귀여운 여인'은 제가 가장 좋아하는 역대 최고의 영화입니다.

Talking Tip

Before you start the conversation, I would like to tell you the difference between some American English and British English words. I will be using American English words, but please note that the British English word for 'movie' is 'film' and the British English word for 'movie theater' is 'cinema'. OK, let's get started.

Once again, in American English the spelling is 'favorite', but in British English it is 'favourite'.

대화를 시작하기에 앞서 미국식 영어와 영국식 영어의 영화에 관한 용어 차이에 대해 먼저 말하겠습니다. 이 책에서는 미국식 영어단어를 사용할 것인데, 영국식 표현법도 꼭 숙지해 두시기 바랍니다. 미국에서 영화를 뜻하는 'movie'는 영국식 단어로 'film'입니다. 그리고 미국에서 영화관을 뜻하는 'movie theater'는 영국식 단어로 'cinema'입니다.

다시 한 번, 미국식 영어의 철자는 'favorite'이지만 영국식 영어는 'favourite'입니다.

Common Mistake

Please remember that when you are writing the names of movies or movie stars, use capital letters. For example, "I like Pretty Woman". Do not write "I like pretty woman". It is a mistake that happens all too often.

영화 제목 또는 영화배우의 이름을 쓸 때에는 대문자로 시작해야 합니다. 예를 들어 "I like Pretty Woman"이라고 적어야 하는데, "I like pretty woman"이라고 적는다면 뜻이 달라집니다. 생각보다 흔히 보는 실수입니다.

Why do you like that movie?

A ❶ Why do you like that movie?

❷ For what reasons?

❸ What is the reason you like it?

❹ What are the main reasons?

❺ Tell me why?

❻ What part of the movie was great?

B ❶ I like it because it's an exciting and fast paced movie. Because I think the main character is not only a great actor, but she is also beautiful.

❷ The main reason is because it has some great romantic scenes.

❸ Because I couldn't keep my eyes off the screen for the whole movie. / I like it because it's a classic.

❹ Because it was great all the way through.

B ❻ Because it has a surprising ending.

I am a sucker for happy endings.

❻ It was all great, but I especially liked the scene where he fought the dragon.

A 왜 당신은 그 영화를 좋아합니까?

무슨 이유입니까?

당신은 그것을 좋아하는 이유는 무엇입니까?

가장 큰 이유들은 무엇입니까?

왜인지 저에게 말해 주세요.

그 영화의 어떤 부분이 대단했습니까?

B 흥미진진하고 이야기 전개가 빠르기 때문에 저는 그것을 좋아합니다.

왜냐하면 주인공이 대단한 배우라고 생각할뿐 아니라, 그녀는 아름답기도 하기 때문입니다.

가장 큰 이유는 그것은 몇몇 대단한 로맨틱한 장면들을 갖고 있기 때문입니다.

왜냐하면 저는 영화를 보는 내내 눈을 뗄 수가 없었습니다. / 저는 그것이 명작이기 때문에 좋아합니다.

그것은 처음부터 끝까지 대단했습니다.

왜냐하면 그것은 놀라운 결말이 있습니다.

저는 해피엔딩이 너무나도 좋습니다.

그것은 모두 대단했습니다. 그러나 저는 그가 용과 싸우는 장면이 특히 좋았습니다.

The expression "I am a sucker for happy endings" means that you enjoy happy endings.

Although I have separated the two questions above, "What is your favorite movie?" and "Why?", remember that sometimes the person asking the question is attempting to get more information. Therefore, it is ok to answer both of these questions at the same time. For example:

"I am a sucker for happy endings"에서 sucker는 무엇에 '사족을 못 쓰는 사람'이라는 뜻입니다. 따라서 해피엔딩을 매우 좋아한다는 표현입니다.

위에서는 '좋아하는 영화'에 관한 질문과 '왜 그것을 좋아하는지'의 이유에 대한 질문이 각각 분리되어 있는데, 보통은 두 가지를 함께 질문하고 함께 답변하면 더 좋습니다. 예를 들면 다음과 같습니다.

A What is your favorite movie and why do you like it?

B I think D-War is the best movie in the world because there are so many adventures in it.

A 당신이 가장 좋아하는 영화가 무엇이며 왜 그 영화를 좋아합니까?

B 저는 '디워'가 세계 최고의 영화라고 생각합니다. 왜냐하면 그 안에는 수많은 모험이 있기 때문입니다.

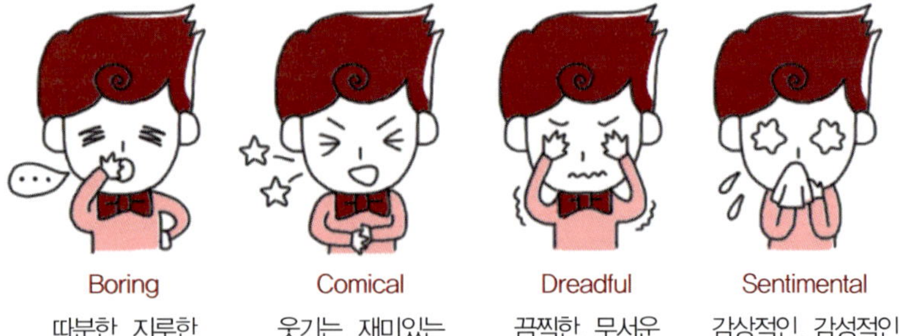

Boring	Comical	Dreadful	Sentimental
따분한, 지루한	웃기는, 재미있는	끔찍한, 무서운	감상적인, 감성적인

When being asked this question, try to answer using adjectives that are fresh and different. It is too easy and boring to answer using the words 'funny' or 'exciting'. Instead, try 'hilarious' or 'action packed'. Here are some examples of words you can use when talking about movies:

영화나 드라마 등에 대해 평가를 할 때 신선하고 조금은 색다른 형용사의 사용을 시도해 보도록 합니다. 언제나 'funny' 또는 'exciting' 같은 단어만 사용한다면 너무 단순하고 따분할 수 있습니다. 대신 'hilarious(아주 재미있는)' 또는 'action packed(흥미진진한)' 같은 표현을 사용해 볼 수 있습니다. 다음은 영화나 드라마에 관해 평가할 때 사용할 수 있는 표현들입니다.

Action packed	흥미진진한, 액션이 많은
Boring	따분한, 지루한
Charming	매력적인
Classic	고전명작의, 최고의
Comical	웃기는, 재미있는
Confusing	난해한, 복잡한
Dazzling	찬란한, 눈이 부신
Disappointing	실망스러운
Disgusting	역겨운, 혐오스러운
Dreadful	끔찍한, 무서운, 무시무시한
Enjoyable	즐거운
Fascinating	아주 흥미로운, 재미있는
Hilarious	아주 우스운
Intriguing	(분명한 해답이 없어서) 흥미로운
Original	독창적인
Satirical	풍자적인
Sentimental	감상적인, 감성적인
Shocking	놀라운, 쇼킹한
Suspenseful	긴장감 있는
Uninteresting	재미없는
Violent	폭력적인

What's the funniest movie you have ever seen?

A ❶ What is your favorite type of movie?

❷ Do you like horror movies?

❸ What is the best genre?

❹ What kind of movie is your favorite?

❺ Why do you like comedy movies?

❻ Is there a genre you don't like?

❼ Which is better; romantic movies or adventure?

❽ What's the funniest movie you have ever seen?

❾ Have you ever seen Love Actually?

B ❶ My favorite type of movie is comedy.

My favorite type of movie is documentary because they are educational.

❷ I hate horror, especially ones with lots of blood and gore.

B ❸The best genre is Western.

❹My favorite kind of movie is a good thriller. It always keeps me in suspense.

❺I like comedy movies because they always make me feel better.

❻I really hate romantic movies.

❼Romance movies are much better than adventure movies.

❽If I had to say one, I would have to say Toy Story.

❾Yes, I have. It's great.

No, I haven't. What is it about?

A 당신이 가장 좋아하는 영화의 타입이 무엇입니까?

당신은 공포영화를 좋아합니까?

무엇이 (당신이 좋아하는) 최고의 장르입니까?

어떤 종류의 영화가 당신이 가장 좋아하는 것입니까?

왜 코미디 영화를 좋아합니까?

당신이 좋아하지 않는 장르가 있습니까?

어떤 것이 더 낫습니까? 로맨틱 영화입니까, 모험 영화입니까?

당신이 이제껏 본 영화 중 최고로 웃긴 영화는 무엇입니까?

당신은 '러브 액츄얼리'를 본적이 있습니까?

B 제가 가장 좋아하는 영화 타입은 코미디입니다.

제가 가장 좋아하는 영화 타입은 다큐멘터리입니다. 왜냐하면 그것들은 교육적이기 때문입니다.

저는 공포 영화, 특히 피와 폭력이 많이 나오는 영화를 싫어합니다.

(제가 좋아하는) 최고의 장르는 서부영화입니다.

제가 가장 좋아하는 영화의 종류는 잘 만들어진 스릴러물입니다. 그것은 항상 저를 긴장하게 만듭니다.

저는 로맨틱 영화를 정말 싫어합니다.

로맨스 영화는 모험 영화보다 훨씬 낫습니다.

만약 제가 하나만 말해야 한다면 저는 '토이 스토리'를 말하겠습니다.

네, 본적 있습니다. 그것은 대단합니다.

아뇨, 본적이 없습니다. 무엇에 관한 것입니까?

Here is a list of movie genres:

다음은 몇 가지 영화 장르입니다.

Action	액션
Adventure	어드벤처
Comedy	코미디
Crime	범죄
Disaster	재난
Documentary	다큐멘터리
Drama	드라마
Epic	서사(액션을 포함한 큰 규모의 영화)
Family	가족
Fantasy	판타지
Film noir	느와르
Horror	공포
Musical	뮤지컬
Mystery	미스터리
Romance	로맨스
Science fiction	공상과학
Sport	스포츠
Thriller	스릴러
Western	서부
War	전쟁

How often do you watch movies?

A
❶ How often do you watch movies?

❷ How often do you go to the movie theater?

❸ When do you have time to watch movies?

❹ Do you go to the movie theater often?

❺ Do you like watching movies in the movie theater or at home?

B
❶ I usually watch movies about three times a week.

❷ I go to the movies on Saturdays, mostly.

❸ I watch movies on(American English)/at(British English) the weekend. It is when I have the most free time.

❹ About once a month or once a fortnight.

I never have enough time, so I usually watch movies at home.

❺ I like watching movies in the cinema. There is a better atmosphere there.

I prefer to stay at home. It is more relaxing.

A 당신은 얼마나 자주 영화를 보십니까?

당신은 얼마나 자주 영화관에 가십니까?

당신은 언제 영화를 볼 시간이 있습니까?

당신은 영화관에 자주 가십니까?

당신은 영화관에서 영화 보는 것과 집에서 보는 것 중 어느 것을 선호합니까?

B 저는 보통 일주일에 세 번 영화를 봅니다.

저는 주로 토요일마다 영화를 보러 갑니다.

저는 주말에 영화를 봅니다. 그때 제가 자유시간을 가질 수 있습니다.

대략 한 달에 한번 또는 2주에 한번 정도입니다.

저는 시간이 충분치 않습니다. 그래서 저는 주로 집에서 영화를 봅니다.

저는 영화관에서 영화 보는 것을 좋아합니다. 그곳의 분위기가 더 좋습니다.

저는 집에 있는 것을 선호합니다. 그것이 더 편안합니다.

The word 'fortnight' is a British English word that is commonly used all over the world. It means two weeks or fourteen days.

'Fortnight'는 전 세계적으로 흔히 사용되는 영국식 어휘입니다. 그것은 2주 또는 14일이라는 뜻을 가지고 있습니다.

Common Mistake

When talking about doing things on specific days, use the preposition 'on'. For example, "I watch movies on Saturdays/on a Monday". You can also use 'on' when talking about the weekend. However, in British English, it is more common to use the preposition 'at' for the weekend. For example, "I go to the movies at the weekend".

어떤 특정한 날을 말하고자 할 때에는 특정한 날 앞에 'on'을 사용합니다. 예를 들어 "I watch movies on Saturdays/on a Monday"와 같습니다. 주말(weekend) 앞에도 당연히 'on'을 사용할 수 있습니다. 하지만 영국영어에서는 "I go to the movies at the weekend"처럼 주말(weekend) 앞에는 전치사 'at'을 사용하는 게 더 보편적입니다.

005

Who is the best person to watch movies with?

A ❶ Who do you like to watch movies with?

❷ Who is the best person to watch movies with?

❸ Do you argue with your family over what movies to watch?

❹ Have you ever taken a date to the movies?

❺ Do you like to watch movies with your girlfriend?

B ❶ I like to watch movies with my dad.

❷ My mom is the best person to watch movies with.

❸ We have the same taste.

Yes, we do. / No, we don't.

We always argue about what we will watch.

Luckily we have the same taste in movies.

Yes, we can never agree, but I usually win.

B ❹ Yes, I have taken a date to the movies. / No, never.

❺ Yes, we do.

We don't often go to the movies together. We should go more.

A 당신은 누구와 함께 영화관람 하는 것을 좋아합니까?

같이 영화를 관람하기에 가장 좋은 사람은 누구입니까?

어떤 영화를 관람 할 것인지에 대해 가족들과 논쟁을 합니까?

당신은 영화관으로 데이트 간 적이 있습니까?

당신은 당신의 여자친구와 함께 영화 보는 것을 좋아합니까?

B 저는 아빠와 함께 영화관람 하는 것을 좋아합니다.

저희 엄마는 같이 영화를 관람하기에 가장 좋은 사람입니다. 우리는 같은 취향을 가지고 있습니다.

네, 그렇습니다. / 아니요, 그렇지 않습니다.

우리는 언제나 무엇을 볼 것인지에 관해 논쟁합니다.

다행스럽게도 우리는 영화에 관해 취향이 같습니다.

네, 우리는 논쟁을 할 순 있지만, 거의 제가 이깁니다.

네, 저는 영화관으로 데이트 간 적이 있습니다. / 아니요, 전혀 없습니다.

네, 좋아합니다.

우리는 영화관에 같이 자주 가지는 않습니다. 더 자주 가야겠습니다.

If you are being asked who you like going to the movies with, try to answer why as well. It usually follows the first question anyway.

만약 당신이 누구와 함께 영화를 보러 가길 원하는지에 관한 질문을 받게 된다면 대답과 동시에 그 이유에 대해서도 같이 준비하시는 것이 좋습니다. 아마도 그 질문이 바로 뒤따라올 것이기 때문입니다.

Who do you think is the best actor?

A
❶ Who is your favorite actor?

❷ Which actor do you like best?

❸ Who is the worst actor?

❹ Who do you think is the best actor?

❺ Which female actress and male actor do you like?

❻ Who was the best actor in the film?

❼ Who do you think is the most beautiful actress?

B
❶ Hugh Grant is the best actor.
My favorite actor is Hugh Grant.

❷ I think Christian Bale is the best. He always performs
well.

❸ I think Lindsay Lohan is the worst.

❹ The best actress is Cameron Diaz. She is great.

B ❺ I like Will Smith and Halle Berry.

❻ Al Pacino was the best actor in the movie. He was outstanding.

❼ I think Natalie Portman is beautiful, but Jodie Foster is a better actress.

A 누가 당신이 가장 좋아하는 영화배우입니까?

당신은 어떤 배우를 가장 좋아합니까?

누가 최악의 배우입니까?

당신이 생각하기에 최고의 영화배우는 누구입니까?

어떤 남자배우와 여자배우를 당신은 좋아합니까?

이 영화에서 누가 최고의 배우입니까?

당신은 누가 가장 아름다운 여배우라고 생각하십니까?

B 휴 그랜트가 최고의 배우입니다.

제가 가장 좋아하는 배우는 휴 그랜트입니다.

저는 크리스천 베일이 최고라고 생각합니다. 그는 언제나 연기를 잘합니다.

저는 린제이 로한이 최악의 배우라고 생각합니다.

최고의 배우는 카메론 디아즈입니다. 그녀는 대답합니다.

저는 윌 스미스와 할리 베리를 좋아합니다.

알파치노가 그 영화에서 최고의 배우였습니다. 그는 정말 뛰어납니다.

저는 나탈리 포트만이 아름답다고 생각합니다. 하지만 조디 포스터가 더 훌륭한 배우입니다.

Here some useful words to describe an actor (male and/or female):

아래는 (남/여)배우들의 연기, 이미지, 성격 등을 묘사할 때 사용할 수 있는 유용한 단어들입니다.

Agile	날렵한, 민첩한
Boring	재미없는
Comely	어여쁜
Extroverted	외향적인
Glamorous	매력이 넘치는, 화려한
Impeccable	나무랄 데 없는, 흠잡을 데 없는
Introverted	내성적인
Ironic	반어적인, 모순적인
Multi-talented	재능이 많은
Outstanding	뛰어난
Overrated	과대평가된
Plain	솔직한
Sinister	사악한
Sophisticated	세련된, 교양 있는
Talented	재능 있는
Versatile	다재다능한

Common Mistake

As mentioned earlier in the chapter, remember capital letters must be used at the beginning of people's names.

앞서도 언급했듯이 사람의 이름을 쓸 때는 항상 대문자로 시작해야 합니다. 쉽지만 자주하는 실수입니다.

What is the rating of the movie?

A ❶ What is the movies rating?

❷ What's the rating?

❸ What is the rating of the movie?

❶❷❸
B It is rated PG.

It's quite violent, so it is rated 18.

It's a family movie, so it's rated U.

A 그 영화의 등급은 무엇입니까(어떻게 됩니까)?

등급은 무엇입니까?

그 영화의 등급은 무엇입니까?

B PG등급(parental guidance/부모 지도 하에 관람가)입니다.

그것은 꽤 폭력적입니다. 그래서 18세 이하 관람불가입니다.

그것은 가족영화입니다. 그래서 U등급(연소자 관람가)입니다.

Any of the above answers can be answered with any of the above questions.
모든 답변이 위 질문에 대한 대답이 될 수 있습니다.

〈미국〉 가족영화 / 모든 연령층 관람가 : G

부모 동반 하에 관람 가능 : PG

부모 주의 영화 (부분적으로 13세 미만 부적절한 화면) : PG13

17세 미만은 반드시 부모나 성인동반 요망 : R : Restricted

〈영국〉 가족영화 / 연소자 관람가 : U

부모님 지도 하에 관람 가능 : PG

12세 이상 관람가 : 12

15세 이상 관람가 : 15

성인관람가 : 18

Talking Tip

The rating system is different between American English and British English. In American English, the rating is (from suitable to unsuitable):

G : Family film, PG : Parents should watch with children, PG13 : May be unsuitable for children, R : Unsuitable for children

In British English, the rating is (from suitable to unsuitable):

U : Family film, PG : Parents should watch with children.

12 : Only children 12 and over can watch it.

15 : Only children 15 and over can watch it.

18 : Suitable only for adults

영화 등급 체계는 미국과 영국이 다릅니다. 미국의 영화등급은 아래와 같습니다(낮은 등급에서 높은 등급 순).

G : 가족 영화 / 모든 연령층 관람가, PG : 부모 동반 하에 관람 가능, PG13 : 부모 주의 영화 (부분적으로 13세 미만 부적절한 화면), R : Restricted, 17세 미만은 반드시 부모나 성인동반 요망

NC-17 : 17세 미만 관람 불가

영국 영화의 등급은 아래와 같습니다(낮은 등급에서 높은 등급 순).

U : 가족 영화/ 연소자 관람가, PG : 부모님 지도 하에 관람 가능

12 : 12세 이상 관람가, 15 : 15세 이상 관람가, 18 : 성인관람가

Talking about books

책에 대해 말하기

Like movies, talking about books can be a great way to start a conversation with somebody, and it also allows you to find out if you share the same interests.

영화와 마찬가지로 책은 대화에 있어서 좋은 소재거리입니다. 또한 책을 통해서 상대방과 공통관심사를 공유할 수도 있습니다.

001

Do you read in your spare time?

A
1. Do you read?
2. Do you like to read?
3. Do you do any reading?
4. Do you read in your spare time?
5. Do you like to read in your free time?
6. Do you like to do any reading when you have time?

B
1. Yes, I do. / No, I don't.
2. Yes, I love to read.
3. Of course. Who doesn't?
   Yes, I am a real bookworm.
4. I try to, but I just don't have the time.
   No, I do not read.
5. Yes, I read whenever I get the chance.
6. No, I prefer to do something else.

A
당신은 독서를 합니까?

당신은 독서를 좋아합니까?

당신은 (어떤 것이든) 독서를 합니까?

당신은 당신의 여가시간에 독서를 합니까?

당신은 당신의 자유 시간에 독서하는 것을 좋아합니까?

당신은 시간이 있을 때 (어떤 것이든) 독서하는 것을 좋아합니까?

B
네, 합니다. / 아니요, 하지 않습니다.

네, 저는 독서를 사랑합니다.

물론입니다. 누가 안 하겠습니까?

네, 저는 정말 책벌레입니다.

그러려고 노력은 하는데, 저는 시간이 없습니다.

아니요, 저는 독서를 하지 않습니다.

네, 저는 기회가 있을 때마다 독서를 합니다.

아니요, 저는 다른 일 하는 것을 선호합니다.

Talking Tip

Saying you are a 'bookworm' is a very useful expression when talking about reading. It means you are someone who reads a lot.

책 + 벌레 = Bookworm?

'Bookworm(독서광/책벌레)'이라는 단어는 독서에 관해 이야기 할 때 사용할 수 있는 아주 유용한 어휘입니다. 독서를 많이 한다는 것을 뜻합니다.

Common Mistake

Saying 'I like to read' or "I like reading" is perfectly fine, but try not to confuse them. I have heard students confusing these sentences many times, and saying things like "I like to reading" or "I like read".

'I like to read'와 'I like reading' 모두 정확한 문장이며 어느 것을 사용해도 좋습니다. 그런데 간혹 두 개를 혼용하여 회화에서 틀린 문장을 사용하는 경우가 있습니다. 예를 들어 "I like to reading" 또는 "I like read"와 같이 이야기하는 것입니다. 회화에서도 글을 쓸 때와 마찬가지로 정확히 표현해 주어야 합니다.

How often do you read?

A ❶ How often do you read?

❷ Do you read often?

❸ Do you do a lot of reading?

❹ When do you read?

B ❶ I read about once a week.

❷ Yes, I try to read everyday. / No, not really.

❸ Not really. I read about once a month. / Yes, I do.

❹ I read every other day. / I'm always busy, but I have time to read once in a while.

A 당신은 얼마나 자주 독서를 합니까?

당신은 자주 독서를 합니까?

당신은 독서를 많이 합니까?

언제 독서를 합니까?

B 저는 일주일에 한번 정도 책을 읽습니다.

네, 저는 매일 독서를 하려고 노력합니다. / 아니요, 그렇지 않습니다.

그렇지 않습니다. 저는 한 달에 한번 정도 독서를 합니다. / 네, 그렇습니다.

저는 격일마다 독서를 합니다. / 저는 항상 바쁩니다. 하지만 어쩌다 한 번씩은 독서할 시간
이 있습니다.

Talking Tip

Saying that you read "every other day" is the same as saying you read "every two days", while "once in a while" means "sometimes" Here is a frequency list to help you when talking about how often you do something:

"Every other day"는 "every two days"와 같은 뜻이며 격일을 말합니다. 반면 "once in a while"은 "sometimes(가끔)"와 같은 뜻입니다. 당신이 무엇을 얼마 만에 한 번씩 한다는 표현을 할 때 아래의 표현을 참고해 보시기 바랍니다. 일, 주, 월을 이용해 얼마나 자주 하는지 '빈도'를 표현할 수 있는 리스트는 다음과 같습니다.

Everyday	매일
Every other day (every two days)	격일 마다
Once a week	일주일에 한 번
Twice a week	일주일에 두 번
Three times a week	일주일에 세 번
Four times a week	일주일에 네 번
Every other week (every two weeks)	격주 마다
Every 3 weeks	3주마다
Once a month	한 달에 한 번
Twice a month	한 달에 두 번
Three times a month	한 달에 세 번
Every other month (every two months)	격월 마다
Once in a while (sometimes)	가끔, 어쩌다 한번
Every so often (rarely)	드물게, 아주 가끔, 좀처럼

⦿ CD A_Topic 11-003, E_Topic 11-003

> # What is the best book you have ever read?

A ❶ What genre of book do you enjoy the most?

❷ What kinds of books are you in to?

❸ Do you have a preference of genre?

❹ What types of books do you like to read?

❺ What is your favorite book?

❻ What is the best book you have ever read?

❼ What is your all time favorite book?

B ❶ I enjoy reading classics, like Pride and Prejudice.

❷ I'm in to suspense novels.

I'm not really in to reading.

❸ Yes, I love to read romantic novels.

❹ I love action adventure.

B ❺ My favorite book is The Hobbit.

The Hobbit is my favorite book.

❻ The best book I have ever read has to be The Hobbit.

❼ My all time favorite book has to be the first Harry Potter story.

A 당신은 어떤 장르의 책을 가장 즐겨 읽습니까?

당신은 어떤 종류의 책들을 즐깁니까?

당신은 선호하는 장르가 있습니까?

당신은 어떤 타입의 책을 읽는 것을 좋아합니까?

당신이 가장 좋아하는 책은 무엇입니까?

당신이 이제껏 읽은 최고의 책은 무엇입니까?

당신이 좋아하는 역대 최고의 책은 무엇입니까?

B 저는 '오만과 편견'과 같은 고전을 읽는 것을 즐깁니다.

저는 서스펜스 소설을 즐깁니다.

저는 독서를 별로 즐기지 않습니다.

네, 저는 연애소설 읽는 것을 좋아합니다.

저는 액션 어드벤처물을 좋아합니다.

제가 가장 좋아하는 책은 '더 호빗'입니다.

'더 호빗'은 제가 가장 좋아하는 책입니다.

제가 이제껏 읽은 책 중에 최고의 책은 '더 호빗'입니다.

제 생애 가장 좋아하는 책은 해리포터 첫 번째 이야기입니다.

Talking Tip

Saying that you are 'in to' something is the same as saying that you enjoy something. For example, 'I'm in to football' and 'I enjoy football', is the same.

'In to'라고 말하는 것은 당신이 무엇인가를 즐긴다고 말하는 의미입니다. 예를 들어 'I'm in to football'이라는 표현은 'I enjoy football'과 같은 말입니다.

The word genre isn't only used for movies, but can also be used for books, music, and many other things. Book genres can be split into two sections, fiction and non-fiction. Non-fiction describes information that is true, such as that contained in health magazines and biographies, where as fiction deals with information that can be not factually true. There are many different genres of fiction. Below is a list:

Humor is the American English spelling, while in British English it is spelt humour.

장르(genre)라는 단어는 영화뿐만 아니라 책, 음악 그 외 다양한 것에 대해서 이야기 할 때도 사용이 가능합니다. 책의 장르는 크게 두 가지 섹션으로 나눌 수 있는데, 하나는 픽션이고 나머지 하나는 논픽션입니다. 논픽션은 건강 잡지나 자서전 등과 같이 사실에 입각한 정보를 다루고, 픽션은 사실이 아닌 허구를 다룹니다. 픽션에는 또한 매우 다양한 세부장르가 있는데 다음의 리스트를 참고해 보실 수 있습니다. Humor는 미국식 영어 철자 이며 영국식 영어 철자는 humour입니다.

Action adventure	액션 어드벤처
Contemporary	현대문학
Thriller or suspense	스릴러물 또는 서스펜스물
Science fiction or sci-fi	공상과학 소설 (SF)
Crime	범죄소설
Romance	연애소설
Fantasy	판타지소설
Historical fiction	역사소설
Horror	공포소설
Humor	유머소설
Literary fiction	문학소설
Children's	아동문학
Short story	단편소설
Poems	시

Common Mistake

Do not say SF. It is not a genre. The correct genre is Science fiction or sci-fi, as shown above.

SF는 장르를 칭하는 용어가 아니니 그렇게 말하지 마세요. 올바른 표현은 위에서 언급했듯이 Science fiction 또는 sci-fi입니다.

> The best book I have ever read has to be The Hobbit because it is memorable.

B ❶ I enjoy reading classics, like Pride and Prejudice. They are so interesting.

❷ I'm in to suspense novels because they are so mysterious.

❸ Yes, I love to read romantic novels because they can be captivating.

❹ I love action adventure books because they are exciting.

❺ My favorite book is the Hobbit because it is funny but also dark.

❻ The best book I have ever read has to be The Hobbit because it is memorable.

❼ My all time favorite book is the first Harry Potter story. It is fascinating.

B 저는 '오만과 편견'과 같은 고전을 읽는 것을 즐깁니다. 그것(고전)들은 매우 재미있습니다.

저는 서스펜스 소설을 즐깁니다. 왜냐하면 그것들은 미스테리(비밀스러운, 신비한)하기 때문입니다.

네, 저는 연애소설을 좋아합니다. 왜냐하면 그것들은 마음을 사로잡기 때문입니다.

저는 액션 어드벤처물을 좋아합니다. 왜냐하면 그것들은 흥분되기 때문입니다.

제가 가장 좋아하는 책은 '더 호빗'입니다. 왜냐하면 그것은 재미있으면서 비밀스럽기도 하기 때문입니다.

제가 이제껏 읽은 책 중에 최고의 책은 '더 호빗'입니다. 왜냐하면 기억에 남기 때문입니다.

제 생애 가장 좋아하는 책은 '해리포터 첫 번째 이야기'입니다. 그것은 대단히 흥미롭습니다.

Talking Tip

When stating what type of movie genre you like the most, try to give a reason why. Here is a list of words that are useful when describing a good book or genre:

당신이 좋아하는 책의 장르에 대해 말을 할 때 그 이유에 대해서도 함께 말할 수 있도록 준비해 봅니다. 다음은 좋아하는 책이나 좋아하는 장르에 대해서 대화할 때 유용한 단어들입니다.

Intriguing	아주 흥미로운
Captivating	매력 있는, 마음을 사로잡는
Mysterious	미스테리한, 비밀스러운
Classic	고전
Dark	비밀스러운
Hilarious	아주 우스운
Insightful	통찰력 있는
Raw	원초적인
Honest	정직한, 순정적인
Fresh	신선한
Fascinating	대단히 흥미로운, 매력적인
Exciting	신나는, 흥미진진한
Interesting	재미있는, 흥미로운
Memorable	기억에 남을
Unique	독특한
Enchanting	황홀한, 고혹적인

005

What genre do you like the least?

A ❶What genre do you like the least?

❷What kinds of books do you dislike?

❸What type of book do you hate?

❹What books do you like the least?

❺What is the worst book you have ever read?

❻Are there any books you dislike?

B ❶I really don't like horror books.

The genre I like least is sci-fi.

❷I dislike reading romantic novels.

❸I hate crime books.

❹I do not like the Harry Potter books at all.

❺The worst book has to be anything about cowboys.

❻I really dislike The Kite Runner.

A

어떤 장르를 당신은 가장 덜 좋아합니까?

당신은 어떤 종류의 책들을 싫어합니까?

어떤 타입의 책을 당신은 싫어합니까?

어떤 책들을 당신은 가잘 덜 좋아합니까?

당신이 이제껏 읽은 책 중 최악의 책은 무엇입니까?

당신이 싫어하는 책들이 있습니까?

B

저는 공포물들을 정말 좋아하지 않습니다.

제가 가잘 덜 좋아하는(싫어하는) 장르는 공상과학물입니다.

저는 연애소설들을 읽는 것을 싫어합니다.

저는 범죄소설들을 싫어합니다.

저는 해리포터 책을 전혀 좋아하지 않습니다.

최악의 책은 카우보이 관련 책들입니다.

저는 '연을 쫓는 아이'를 정말 싫어합니다.

Talking Tip

You can also add to the previous sentences by giving your reason why. Here is a list of negative words you can use when describing a bad book or genre:

자신이 특정 책이나 장르를 싫어한다면 그 이유를 얘기하면 더 좋습니다. 다음은 그 싫어하는 이유에 사용할 수 있는 어휘들입니다.

Boring	지겨운
Predictable	예측 가능한, 뻔한
Weak	설득력이 없는, (소재가) 약한
Tedious	지루한, 싫증나는
Dull	따분한, 재미없는
Terrifying	겁나게 하는, 무서운
Scary	겁나게 하는, 무서운
Lifeless	맥 빠진, 활기 없는
Lovey-dovey	(애정표현 등) 닭살 행각의
Heartbreaking	지루한, 싫증나는

006

Excuse me, do you mind if I ask what you are reading?

A ❶Excuse me, do you mind if I ask what you are reading?

❷Excuse me, can I ask what that books about?

❸Excuse me, do you mind telling me what book you are reading?

❹That's a great book. Are you enjoying it?

❺I'm sorry, but I can't help to notice you are reading one of my favorite books. What do you think of it?

B ❶Not at all. It's Harry Potter.

❷Sure, it's about the Korean War.

❸Of course not. It's Romeo and Juliet.

❹Yes, it's a very interesting book.

❺It's great. I am anticipating the ending.
It's not bad. A little slow though.

A 실례합니다, 당신이 무슨 책을 읽고 있는지 물어보면 당신이 언짢으실까요(꺼리십니까)?

실례합니다, 그 책이 무엇에 관한 책인지 물어봐도 되겠습니까?

실례합니다, 당신이 읽고 있는 책이 무슨 책인지 저에게 이야기 해주시는 것이 당신에게 언짢을까요(꺼리십니까)?

그 책은 정말 대단합니다. 그것을 즐기고 있습니까?

죄송합니다, 하지만 저는 당신이 제가 가장 좋아하는 책 중의 하나를 읽고 있는 것을 그냥 지나칠 수 없습니다. 그 책에 대해서 어떻게 생각하십니까?

B 전혀 아닙니다(언짢시 않습니다). 그것은 해리포터입니다.

물론입니다. 그것은 한국전쟁에 관한 책입니다.

당연히 아닙니다(언짢지 않습니다). 그것은 로미오와 줄리엣입니다.

네, 그것은 너무 재미있는 책입니다.

그것은 대단합니다. 저는 마무리가 기대됩니다.

그것은 나쁘지 않습니다. 그래도 약간은 지루하네요.

Talking Tip

If person B does not ask a question back it usually means that they are not interested in engaging in a conversation with you. However, if they do ask a question back, it can mean that they want to have a conversation. Whether you are in a coffee shop, at an airport lounge, on a park bench, or in any social setting, talking about what someone is reading is a great way to strike up a conversation with a stranger. Look at the examples on the next page:

대답을 하는 B가 당신의 질문을 되받아 하지 않는다면 당신과 대화를 나누는 것에 대해 흥미를 갖지 못한다는 표시일 가능성이 높습니다. 하지만 만약 질문을 되받아 한다면 대화를 지속해 나가길 원하는 것입니다. 커피숍, 공항 라운지, 공원의 벤치, 또는 사교 모임 등 어떤 공간에서나 책을 읽고 있는 누군가에게 그 책에 대해서 질문을 하는 것은 낯선 이에게 말을 거는 데 있어서 최고의 방법입니다. 다음 페이지에 있는 예문들을 참고해 보시기 바랍니다.

B ❶Not at all. It's Harry Potter. Have you read it?

❷Sure, it's about the Korean War. Do you know much about the Korean War?

❸Of course not. It's Romeo and Juliet. Have you read much Shakespeare?

❹Yes, it's a very interesting book. Why did you like it?

❺It's great. I am anticipating the ending. Who was your favorite character in the book?

B 전혀 아닙니다(언짢지 않습니다). 그것은 해리포터입니다. 당신도 읽었습니까?

물론입니다. 그것은 한국전쟁에 관한 책입니다. 당신은 한국전쟁에 관해 많이 알고 있습니까?

당연히 아닙니다(언짢지 않습니다). 그것은 로미오와 줄리엣입니다. 당신은 셰익스피어를 많이 읽어 보았습니까?

네, 그것은 너무 재미있는 책입니다. 당신은 왜 이 책을 좋아합니까?

그것은 대단합니다. 저는 마무리가 기대됩니다. 이 책에서 당신이 가장 좋아하는 등장인물은 누구입니까?

Now you could answer their question and ask them another question. You will soon find yourself in a free-flowing conversation with a stranger.

이제 당신은 질문에 대답을 하고 다른 질문을 추가로 할 수 있습니다. 곧 당신은 낯선 이와 물 흐르듯 자연스럽게 대화를 하는 당신 자신을 발견할 수 있을 것입니다.

Be careful when answering a 'yes' or 'no' question in English because it is different to the Korean way. In Korea 'yes' is usually used to agree with what the other person is asking. For example:

A : You don't like Harry Potter?

B : Yes, I don't like Harry Potter.

However, westerners would answer the same question differently:

A : You don't like Harry Potter?

B : No, I don't like Harry Potter.

영어에서 'yes' 또는 'no'로 대답을 하는 질문에 대해 주의해야 합니다. 영어와 한국어는 이 부분에서 많은 차이가 있습니다. 한국어는 상대방의 물어보는 것에 대해 동의할 경우 무조건 'yes'로 대답을 합니다. 예를 들면 다음과 같습니다.

A : You don't like Harry Potter?

B : Yes, I don't like Harry Potter. (X)

한국식으로는 '네, 싫어합니다'와 같이 되니 Yes가 맞는 듯하지만, 위 문장은 틀린 문장입니다. 뒤의 문장에 not이 나오는 경우에는 대답이 no가 되어야 합니다. 따라서 정확한 영어로는 다음과 같이 대답을 해야 합니다.

A : You don't like Harry Potter?

B : No, I don't like Harry Potter.

Talking about music
음악에 관해 말하기

This topic is going to be a short topic because many of the questions in the 'Talking about books' unit also apply to here.

이번 주제는 "책에 대해 말하기"편에서 활용되었던 질문 패턴들이 적용될 수 있기 때문에 좀 짧게 다뤄집니다.

001

Do you like to listen to music?

Look at the similarity between questions about books and music below:

아래의 책과 음악에 관련된 질문들 사이의 유사성을 비교해보세요.

A
1. Do you read?
2. Do you like to read?
3. Do you read in your spare time?
4. Do you like to read in your free time?

A
당신은 독서를 합니까?
당신은 독서를 좋아합니까?
당신은 당신의 여가시간에 독서를 합니까?
당신은 당신의 자유 시간에 독서하는 것을 좋아합니까?

The above example about books can easily be changed to:

위의 질문들은 아래와 같이 쉽게 변형하여 사용이 가능합니다.

A
1. Do you listen to music?
2. Do you like to listen to music?
3. Do you listen to music in your spare time?
4. Do you like to listen to music in your free time?

A 당신은 음악 감상을 합니까?

당신은 음악 감상을 좋아합니까?

당신은 당신의 여가시간에 음악 감상을 합니까?

당신은 당신의 자유 시간에 음악 감상하는 것을 좋아합니까?

Talking Tip

The answers are also very similar, as all you have to do is change the topic from books to music. Look at the following examples to help you:

여기에 대한 답변 또한 주제를 책에서 음악으로 바꿨을 뿐 매우 비슷하게 가능합니다. 아래 예문을 보도록 하겠습니다.

B ❶Yes, I do. / No, I don't.

❷Yes, I love to listen to music.

Of course. Who doesn't?

❸I try to, but I just don't have the time.

❹I listen to music whenever I get the chance.

No, I prefer to do something else.

B 네, 합니다. / 아니요, 하지 않습니다.

네, 저는 음악 감상을 사랑합니다.

물론입니다. 누가 안 하겠습니까?

그러려고 노력은 하는데, 저는 시간이 없습니다.

네, 저는 기회가 있을 때마다 음악 감상을 합니다.

아니요, 저는 다른 일 하는 것을 선호합니다.

Common Mistake

Please remember that the preposition 'to' is used when referring to music. For example, "I like to listen to music".

음악을 듣는다고 할 때 전치사 'to'가 사용됩니다. 예를 들어 "I like to listen to music"과 같습니다. 회화에서는 흔히 to를 빼고 말을 하는 경우를 봅니다.

The sentences "I like to listen to music" and "I like listening to music" are both ok. However, try not to confuse them, as this is something I see very often.

"I like to listen to music"과 "I like listening to music"은 모두 정확한 문장이며 어느 것을 사용해도 무방합니다. 하지만 "I like to listening to music"과 같이 어중간하게 두 개의 문장을 혼용하여 틀린 문장을 쓰는 경우를 자주 봅니다. 혼동하지 않도록 주의해야 합니다.

Talking Tip

The time line shown in topic 11 can also be used when talking about music. Refer back to topic 11 for more examples of questions and answers using the time line.

토픽 11에서 사용된 빈도수에 대한 질문을 음악에 대해 이야기 할 때도 사용이 가능합니다. 빈도수에 대해 물어보고 답하는 것은 토픽 11을 참고 하세요.

A ┊ How often do you listen to music?

B ┊ I listen to music every day.

A ┊ 얼마나 자주 음악 감상을 하십니까?

B ┊ 저는 매일 음악 감상을 합니다.

002

What kind of music are you in to?

A ❶ What is your favorite genre?

❷ What kind of music are you in to?

❸ What's your favorite type of music?

B ❶❷❸

My favorite music genre is country.

Country is my favorite type of music.

I like listening to jazz. / I'm in to grunge music.

Hip-hop is easily my favorite type of music.

A 당신이 가장 좋아하는 장르는 무엇입니까?

당신은 어떤 종류의 음악을 즐깁니까?

당신이 가장 좋아하는 타입의 음악은 무엇입니까?

B 제가 가장 좋아하는 음악장르는 컨트리송입니다.

컨트리송은 제가 가장 좋아하는 타입의 음악입니다.

저는 재즈감상을 좋아합니다. / 저는 그런지(grunge) 음악을 즐깁니다.

힙합은 제가 가장 좋아하는 타입의 음악입니다.

Any of the above answers can be answered with any of the above questions.
모든 답변이 위 질문에 대한 대답이 될 수 있습니다.

Music genres are different to book genres. Here is a list of music genres:

음악장르는 책 장르와는 다릅니다. 아래 음악장르를 나열해 보겠습니다.

Alternative	얼터너티브	Jazz	재즈
Acoustic	어쿠스틱	Opera	오페라
Blues	블루스	Pop	팝
Classical	클래식	Punk	펑크
Contemporary	현대음악	Rap	랩
Country	컨트리	Reggae	레게
Disco	디스코	RnB	알엔비
Gospel	복음 성가	Rock 'n Roll	로큰롤
Grunge	그런지	Ska	스카 (서인도제도의 팝 음악)
Heavy Metal	헤비메탈	Soul	소울
Hip-hop	힙합		

Who is your favorite singer?

A ❶ Do you like groups or individual singers?

❷ Do you prefer boy groups or girl groups?

❸ What is your favorite band?

❹ Who is your favorite singer?

❺ Who is the best singer?

❻ What is the best band in the world?

❼ Which band do you like the most?

B ❶ I prefer to listen to groups.

I like individual singers more than groups.

❷ I think girl groups are better than boy groups.

❸ The Beatles are my favorite band.

My favorite band is The Beatles.

B ❹ My favorite singer is Tom Jones.

Tom Jones is my favorite singer.

❺ Maria Carey is the best singer in the world.

The best singer in the world in Maria Carey.

❻ The Rolling Stones are great. They are easily the best in the world.

❼ I like The Who the most.

A 당신은 그룹을 좋아합니까, 솔로가수들을 좋아합니까?

당신은 남성그룹과 여성그룹 중 누구를 더 선호합니까?

당신이 가장 좋아하는 밴드는 무엇입니까?

당신이 가장 좋아하는 가수는 누구입니까?

누가 최고의 가수입니까?

세계 최고의 밴드는 무엇입니까?

당신은 어떤 밴드를 가장 좋아합니까?

B 저는 그룹 음악을 선호합니다.

저는 그룹보다 솔로가수들을 더 좋아합니다.

저는 여성그룹이 남성그룹보다 더 낫다고 생각합니다.

비틀즈는 제가 가장 좋아하는 밴드입니다.

제가 가장 좋아하는 밴드는 비틀즈입니다.

제가 가장 좋아하는 가수는 톰 존스입니다.

톰 존스는 제가 가장 좋아하는 가수입니다.

머라이어 캐리는 세계 최고의 가수입니다.

세계 최고의 가수는 머라이어 캐리입니다.

롤링스톤은 대단합니다. 그들은 확실히 세계 최고입니다.

저는 더후를 가장 좋아합니다.

When talking about why you like groups or singers, try to elaborate as to why. Look at the examples on the next page:

좋아하는 그룹이나 가수를 말할 때 그 이유에 대해서도 구체적으로 언급하면 좋습니다. 다음 페이지의 예문들을 참고해 보실 수 있습니다.

B

❶ I prefer to listen to groups. They are more energetic.

❷ I think girl groups are better that boy groups. Their voices are more angelic.

❸ The Beatles are my favorite band. Their music is so catchy.

❹ My favorite singer is Tom Jones. He is so exciting.

❺ Maria Carey is the best singer in the world. She has a powerful voice.

❻ The Rolling Stones are great. They are easily the best

❼ in the world. They are really passionate on stage.

I like The Who the most. They are thrilling to listen to.

B

저는 그룹 음악을 선호합니다. 그들은 에너지가 더 넘칩니다.

저는 여성그룹이 남성그룹보다 더 낫다고 생각합니다. 그들의 목소리는 천사 같습니다.

비틀즈는 제가 가장 좋아하는 밴드입니다. 그들은 음악은 기억하기에 쉬운 멜로디입니다.

제가 가장 좋아하는 가수는 톰 존스입니다. 그(그의 음악)는 너무 신납니다.

머라이어 캐리는 세계 최고의 가수입니다. 그녀는 파워풀한 목소리를 가졌습니다.

롤링스톤은 대단합니다. 그들은 확실히 세계 최고입니다. 그들은 무대 위에서 정말 열정적입니다.

저는 더후를 가장 좋아합니다. 그들(그들은 음악)은 들으면 너무 황홀합니다.

Here are some more sentences to help you:

다음은 음악에 관해 말할 때 도움이 될 수 있는 표현들입니다.

The music is so catchy.	그 음악은 기억하기 쉽습니다. (따라 부르기 쉽습니다)
They are very energetic.	그들은 에너지가 정말 넘칩니다.
The lyrics are really meaningful.	그 가사는 정말 의미심장합니다.
They are thrilling to watch.	그들을 보는 것은 황홀합니다.
The music is overwhelming.	그 음악은 너무도 압도적이며 강렬합니다.
His voice is powerful.	그의 목소리는 파워풀 합니다.
They are exciting to listen to.	그들(음악들)은 들으면 너무 신납니다.
She has an angelic voice.	그녀는 천사 같은 목소리를 가졌습니다.
She is really sexy.	그녀는 정말 섹시합니다.
He is very flirtatious.	그는 정말 유혹적입니다. (flirtatious: 추파를 던지는)
She is beautiful.	그녀는 아름답습니다.
They are great fun.	그들은 대단히 재미있습니다.
He is a great dancer.	그는 대단한 춤꾼입니다.
They are great movers.	그들은 최고의 춤꾼들입니다.

Saying someone is a "great mover" is the same as saying someone is a "great dancer"

"Great mover"라고 말하는 것은 "great dancer"라고 말하는 것과 같은 뜻입니다.

Common Mistake

Try to remember the difference between singular and plural when talking about a group or singer. If you are talking about a group, you should say 'are'. For example "they are great". However, when talking about a singer, you should say 'is'. For example "she is beautiful".

그룹 또는 솔로가수에 대해 이야기할 때 단수와 복수의 구분을 해야 합니다. 만일 그룹을 이야기 한다면 동사 'are'를 써야 합니다. 예를 들어 'they are great'처럼 그룹에 관해 이야기 할 때는 복수표현을 사용해야 하는 것입니다. 하지만 솔로가수에 대해 이야기 할 때는 'she is beautiful'처럼 단수표현을 사용해야 합니다.

If you do not like a band or singer, here is a list of sentences to help you describe why:

만일 어떤 밴드나 가수를 좋아하지 않는다면, 다음의 표현들을 참고해 사용할 수 있습니다.

His voice is really screechy	그의 음색은 너무 날카로워요.
She has a really whiny voice.	그녀는 정말 짜증나는 목소리를 가졌습니다.
They sing really off-key at times.	그들은 때때로 음정이 맞지 않게 노래합니다.
They are really irritating to watch.	그들은 보기에 너무 짜증납니다.
He loves himself too much.	그는 자아도취(자기애)가 너무 심합니다.
I find her music really depressing.	저는 그녀의 음악이 너무 우울하다는 것을 알게 되었습니다.
They can't sing or dance.	그들은 노래도 춤도 못합니다.
Their music is too loud.	그들의 음악은 너무 시끄럽습니다.
He can't play any instruments.	그는 악기를 하나도 다룰 줄 모릅니다.
She is untalented.	그녀는 재능이 없습니다.

MEMO